现代民商法学与行政合同的管理研究

王勤保　吴志文　魏展谦　著

中国商业出版社

图书在版编目（CIP）数据

现代民商法学与行政合同的管理研究 / 王勤保, 吴志文, 魏展谦著. -- 北京 : 中国商业出版社, 2022.12
ISBN 978-7-5208-2423-1

Ⅰ. ①现… Ⅱ. ①王… ②吴… ③魏… Ⅲ. ①民法－法的理论－理论研究－中国②商法－法的理论－理论研究－中国③行政法－合同法－研究－中国 Ⅳ. ①D923.01 ②D922.104

中国版本图书馆CIP数据核字(2022)第244836号

责任编辑：杜　辉

中国商业出版社出版发行
（www.zgsycb.com 100053 北京广安门内报国寺1号）
总编室：010-63180647　编辑室：010-83118925
发行部：010-83120835/8286
新华书店经销
天津和萱印刷有限公司印刷
*
787 毫米 × 1092 毫米　16开　7.5印张　100千字
2023 年 5 月第 1 版　2023 年 5 月第 1 次印刷
定价：58.00 元
* * * *
（如有印装质量问题可更换）

前　言

现代民商法学是在民商法的基础上形成的学科。民商法体现了市场经济发展规律和本质要求，对市场经济的调节和规范起着重要作用。随着改革开放的不断深入，行政合同制度是国家对市场经济进行民主管理的重要方式。行政合同制度的基础在于公益和公平，行政合同纠纷的法律救济途径应是行政复议和行政诉讼，行政合同立法的理想模式是制定单行法规。

民商法、经济法以及社会法是构成社会主义市场经济法律体系的三个重要部分。其中，民商法是该法律体系中的基础性制度，它体现了市场经济的发展规律和本质要求。但是，我国民商法体系还处于初步建立时期，而市场经济的不断发展使其呈现多元化的态势，所以民商法也应该不断发展完善，以适应时代发展的需要。党的十八大报告关于法律问题的提出对民商法的建立起到了巨大的促进作用，由此我国民商法得到了快速发展。

在经济浪潮之中，民商法的社会地位日益凸显，法治观念深入人心，我国政府部门也为了适应经济发展趋势而进一步完善了现有的民商法律体系，为经济发展提供了制度支持。民商法只有努力适应时代发展的需求才能以从容的姿态和宽容的精神应对社会经济发展中的各种难题，为我国未来的社会建设提供更加完善的法律保障体系。因此，研究在社会经济发展中民商法的变化与发展趋势对于进一步促进我国经济发展和提升民众的生活水平具有重要的现实意义。

本书从民商法与行政诉讼、公司治理与财税筹划、民商事诉讼、刑事诉讼等方面对现代民商法学与行政合同的管理进行了详细的阐述，言简意赅、丰富全面的知识点以及清晰系统的结构，体现了科学性、发展性、实用性、针对性等特点。希望本书能够成为一本为相关研究提供参考和借鉴的专业学术著作，供人们阅读。

前言

目　录

第一章　民商法基础

第一节　民商法的产生和发展

一、民商法的概念

民商法的概念在学界尚无统一的说法，各国因法律体制的不同而存在不同的理解。

民法有广义和狭义之分。广义民法是指所有调整民事关系的成文法和不成文法，民事普通法与民事特别法，如物权法、合同法、侵权责任法、票据法、海商法等。狭义民法是指除商法以外的民法典及其他民法规范。

民法和商法的关系一直都存在民商合一和民商分立两种观点。在大陆法系民商分立的国家，对民法采用的是“狭义民法”之义，在民法典之外另有商法典，商法典有不同于民法典的特点，多不存在笼统的民商法的单一概念。采用民商合一的大陆法系国家，对民法采用的是“广义民法”之义，在民法典之外不存在独立的商法典，商法仅作为民法的特别法。

民法与商法共同调整商品经济关系，同属私法，两者有着密切的联系。商法使用的一切原则也不断为民法所吸收。众所周知，民法是伴随商品经济的发展而发展。它所调整的财产关系主要是指财产归属和流转关系。人身关系是指个人非财产关系。民法所保护的利益是个人利益，商法是调整平等主体之间商事关系的法律规范的总称。商法是与民法并列并互为补充的部门法。商法具有调整行为的营利性特征，又具有商主体严格法定等原则。它所保护的利益也是个人利益。因此，本书认为民商法是调整民商事关系的法律规范的总称，民商法调整的对象是指由民商法规范所调整的特定范围的社会关系——民商事关系，即平等主体之间从事商品经济行为所引起的社会经济关系以及与此相联系的社会关系的总和。

二、民商法的产生

民商法的出现让原本矛盾频生的人身财产关系得到改善，使各主体之间的地位平等、利益关系平等，从而让社会关系朝和谐的态势发展。民商法解决的是社会经济问题，让那些破坏社会平等的问题得到妥善解决。随着社会的发展，民商法也会跟着国家社会经济体制的不断发展而不断完善，协调与限制那些不平等的社会关系。民法与商法是相辅相成的关系，它们互相制约、互相补充，商法的立法依据来源于民法，民法的改进离不开商法的完善，所以民法与商法一直都是作为一个整体出现在我们的生活中。

随着社会的快速发展，社会关系的复杂多样，民法与商法在不断完善的过程中慢慢地朝融合的趋势发展，而造成这种趋势的主要原因是在我们日常生活中民法吸收了商法使用的一切原则和理念。故此，在对民商法进行研究时，我们不能把它们分成两个独立的个体进行研究，它们之间的联系千丝万缕，所以要针对研究的方向，有合有分地进行研究。

“经济”与“合一”是民商法在演进与发展过程中主要的研究方向。

三、民商法的特征

国内外的民商法学者普遍认为民商法律规范是商品经济规律或市场经济规律的必然产物。经济规律成了支配社会发展的基本规律，商品经济规律通过民商法确立了人人平等、自由的法权，以此保障商品交换的正常开展。民商法是调整社会商品经济关系的基本法之一，是民法和商法的合一体，以不同的手段和方式调整平等主体之间的财产关系和人身关系。

（一）民商法是私法

民商法的主要职能是保护和确认人身权和平等主体之间的财产权，而普通的人身关系和平等的主体关系都是私法关系，所以一般情况下的民商法就是私法。但是，人身关系如果带有隶属性质，主体关系如果分有等级，那么它们就成了公法关系。只有参与的主体是平等的，才能形成私法关系，而国家在参与的过程中扮演的也只是一个特殊的民事主体角色。如果参与的主体有一方是公权主体，那么两个主体就成了公法关系，在社会关系的参与过程中，只能行使公权力。民商法作为私法的组成部分，主要调整的是私法关系，这与经济法、行政法及其他法律有着根本的区别。

（二）民商法是市场经济的法律

从民商法的历史沿革上看，市场经济与商品经济的发展情况与民商法的发展程度有着很大的关系。通过对民商法调整的对象和内容进行分析发现，民商法在财产关系上的调整主要是对财产流转关系和财产支配进行的调整。故此，民商法的基础就是商品经济关系是平等的，民商法在市场经济里是不可取代的法律。在民商法中，商品经济的表现就是有权利和义务让商品经济在权利本位的基点上形成有机的统一。

（三）民商法是各种民商事法律规范的总称

民商法是一个集合概念，并非指某一法律，而是调整民事、商事关系的各种民商事法律规范的总称。虽然我国还没有统一的民商法或统一的囊括商法的民法典，但是在理论和实践中，民法总则、物权制度、侵权制度实际上已对商事关系的重要方面做了一般规定，对商事活动中的一些问题同样适用。

四、民法、商法与其他部门法的关系

（一）民法与商法的关系

商法是调整商事主体的商事行为的法律。形式上的商法专指民法典之外的商法典以及公司、保险、破产、票据、海商等单行法，实质上的商法指一切有关商事的法律规范。近代商法是在 11 世纪前后随着欧洲商业的兴起而发展起来的，根据商人在商事活动中的自治规约和处理商人纠纷的习惯逐渐形成。

关于民法和商法的关系历来存在民商合一和民商分立的观点。民商分立的体制最早起源于法国，在 1673 年法国颁布了第一部商事法，即商事条例，并于 1804 年颁布了民法典，在 1807 年又颁布了商法典，从而开创了民商分立的先河。19 世纪商法开始在大多数国家作为一个独立的法律部门出现，并且开始法典化。20 世纪初瑞士制定了民法典，并于 1912 年施行，其中包括公司法、商业登记法等商法的内容，从而实现了民商合一的立法体例。

民商分立其实指的是在统一的民法典之外还有商法典的存在，商法有自己的指导原则和自己的体系。而民商合一指的是只有统一的民法典，商法总的指导原则都服从民法典，但在民法典之外可以有商事特别法的存在。社会经济的快速发展与变革，让原来特殊的商人利益慢慢不复存在，商品经济关系要想稳定发展下去就需要统一的法律规则来规范和约束。尤其是在立法上一定要具有科学性，要消除原来那些民商法分立阶段产生的矛盾、重复的现象，让民商法更好地为社会服务。我国在市场经济活动中的基本法是民法，它的作用是抽象化地表现各种商品关系。而对商品经济关系进行调整后产生的商事法规就是在具体的领域中体现民法的原则，是在某些经济活动中民法规范的具体表现。不管是商法还是民法，都是对交易关系进行调整的，所以它们在职能上、本质上有很多共同之处。社会商品经济关系的统一调整，就是民商合一理论发展的产物，也是民法典制定统一民商法的根本原因。在法律体系中，商法没有独立的法律部门体系，所以在一般原则上它只能适用民商法的一般原则，在独立原则上它也是按着民商法的原则发挥自己的作用。实行民商合一的立法体系是历史发展的必然趋势，其原因有以下几个方面。

第一，民法与商法的范围没有严格的区分，都是调整交易关系的，商法独立于民法主要是历史造成的，并非基于科学的理论研究所得出来的结果。

第二，我国法律体系的统一和谐是需要维护的，民事立法体系要想系统化，商法与民法之间的矛盾和重复要想避免，就只能坚持民商合一。在民法典中统一规定整个市场和民事活动所使用的共同制度和共同规则，个别市场或局部市场所适用的规则则在各个民事特别法中进行单独规定。这意味着在民法典之外不再单独制定商法典，所有的商事法规都可统一适用民法典总则。

第三，就社会大生产要求的反映和市场经济发展的需求来说，民商合一将会产生深远的影响。

（二）商法与经济法的关系

商法的基础是个体经济主体，主要作用是对个体经济主体之间进行利益关系的调整。经济法的基础是社会经济利益，主要作用是保护和协调整体经济利益，即全局性地调整所有商事主体利益。两者主要存在以下区别。

1. 调整的社会经济关系主体不同

商法主要是调整商人之间的以平等性为特征的社会经济关系，经济法调整的则是国家与公民、国家与企业之间的社会经济关系。

2. 两者作用性质不同

商法侧重于保护作为商人的企业和自然人之间的平等利益关系，以满足商人的营利性要求；经济法则侧重于社会的整体经济生活和整体经济利益。

3. 法律性质不同

从根本上来说商法属于私法范畴，即强调个体的自由、个体之间的平等、个体相互关系的公平以及个体行为的效益和安全；经济法侧重于从社会的角度去理解、阐释和强调社会整体效益和交易安全。

（三）民法与经济法的关系

民法主要是对平等的主体之间产生的财产关系进行调整，也就是对经济关系或财产关系中的横向联系进行调整；经济法则主要是国家对经济的管理进行调整，它是一种纵向的经济关系，主要发生在国家和企业内部与企业之间的关系中，即发生于非平等主体之间的经济管理关系。但两者都是调整经济关系的法律部门。

民法和经济法是有差异的，民法是对法人、自然人、其他组织之间的人际关系和横向财产关系进行调整，从原则上要求它们必须是自愿的、平等的、等价有偿的；经济法是对公民与事业单位之间、企业与国家机关之间的纵向经济关系进行调整，而原则上在这个过程中产生的经济关系，国家会进行干预的。

五、民商合一趋势分析

（一）民商合一是由我国历史和社会发展决定的

法规之间是互相弥补、共同作用的，这样才能使法律的体系更完善，社会主体也能得到足够的尊重，社会关系也能更好地获得维系，所以要想解决社会与经济之间的不平衡关系，商法与民法就需要形成合一模式。追溯我国的历史，民商合一的模式在汉初时期就已经出现，直到民国时期，民商合一已经形成法律体系，并且沿用至今。这样一来，经济和社会交易受民商合一模式的影响而关系更加和谐统一，发展速度也逐渐加快，而且也让国家在调整经济与社会过程中的立法、执法、司法、守法的成本大大降低。

（二）民商合一是法律理论的发展要求

随着社会的快速发展，法学理论在生活中的不断实践，现实社会中的民事与商事关系因为民商合一得到了很大的改善，民事与商事问题在处理的结果上也能体现出客观的经济社会规律，学者们对民商合一的态度发生了改观，也开始认可和支持民商合一。民商合一能让民事与商事之间存在的法律矛盾消失，促使我国法律体系内部不断进行协调与完善，也让经济体内的关系越发和谐统一。

（三）民商合一是商人阶层的专有利益削弱的体现

法律法规的设立主要是为了让人与人之间的地位更平等，社会关系更和谐，所以每一项法律法规的设定都会对某一个阶层有针对性地进行削弱或支持。最早我国为了让经济快速发展，在经济改革之初会对商人阶层有所偏护，充分地保护他们的利益。随着市场经济体制的不断完善，商法赋予商人的特殊利益权得到进一步完善，变得倾向于公平，而民法与商法进行合一就是让获得商品的个体与享有商品的个体在法律中所享有的权利平等。

第二节　民商法的调整对象与基本原则

一、民商法的调整对象

民商法的主要作用是对社会关系与经济关系进行调节，具体的表现是在商行中，对商事交易主体之间产生的法律关系进行调整，也就是用法律对商事关系进行规范。民商法是民法与商法的总称。民法主要包括人身权法、物权法、债权法、继承法、知识产权法、侵权行为法、婚姻家庭法等；商法主要指的是商行为法和商主体法，主要有企业法、公司法、海商法、票据法、保险法、破产法等。需要区分的是，民法主要是对交易安全进行保护，是基本法；而商法是对效率进行要求，是特别法。商品交换需要一个固定的场所，因此市场就产生了，它的出现让商品的生产和商品价值的实现都得到了保证，也成了市场经济发展中不可或缺的一部分，是实现商品交换和社会分工的必然产物。民商法的基本制度、确立的基本原则、特定的调整对象符合我国对社会主义市场经济体制建设的要求，而且经过实践，民商法在市场经济的发展中也十分适用，所以民商法完全可以占据市场经济立法的核心地位。

因为商法在现实生活中的作用比较特殊，所以商法的调整对象就是商法法律规范体系适用的范围。在商法的调整对象的表述上，法学家因为国家法系的不同在观点上也有很大的差异。其中最为突出的观点有三种。第一种是以德国为代表的奉行商人中心主义立法原则的国家，认为商人或企业应该是商法的调整对象。需要强调的是，商事法律关系的主体是个体和组织，在法律规定中，这些人或企业在从事商行为时，可以以自己的名义来进行，也可以以自己的名义承担义务、享受权利。第二种是以法国为代表的奉行商行为中心主义立法原则的国家，认为商行为才是商法的调整对象。需要强调的是，只要是商主体在活动中产生了行为就是商行为。第三种是我国赞同的，即认为商事法律关系才是商法调整的对象，主要是因为商行为及商主体在交易时都需要通过商事法律关系，而这种社会关系是因为发生营利性行为才形成的。换句话说，平等的人身关系和主体之间的财产关系才是民商法的调整对象，社会商品关系才是经济关系的核心部分，民商法的主要服务就体现在社会的商品经济关系之中。

二、民商法的基本原则

民商法的基本原则贯穿于整个民事法律制度，体现民商法的基本价值，为民商法律制度的确立和民商法律规范的制定提供指导思想。目前，因为一些商事特别法的存在，作为民商法的基本原则由民法的一般原则和商法特有的原则组成。由民法的一般原则统领民事法律关系，对一些商事特别法则适用商法特有的原则。

（一）民法的一般原则

1. 平等原则

民法上的平等原则，是指在民事活动中，民事主体的法律地位一律平等，任何一方不得把自己的意志强加给另一方。平等原则集中反映了民法所调整的社会关系的本质特征，尤其是集中表现了作为民法主要调整对象的商品经济关系的客观要求。民法实行平等原则，首先是由作为民事社会生活基础而存在的商品经济的性质和调整要求决定的。

从立法的角度来看，平等原则要求立法者必须奉行“行为立法”的原则。亦即一切民事主体，无论其经济能力如何，所有制性质如何，其行为均应遵循同样的准则，其权利在法律上应得到同样的保护及承担同样的义务。它包括几层含义：①在民法中，任何民事主体的法律人格都是独立的，公民个人、社会团体、企事业单位和国家机关，只要进入民事所管辖的范围内，不管是居民还是法人，其法律人格都是独立的，他们不依从一方，也不隶属任何一方；②在民事活动中，任何民事主体在法律上的地位都是平等的；③民法会在民事主体的民事权益受到侵害的情况下对其进行相应的保护；任何民事主体都不能非法侵害他人的民事权益，否则就要承担一定的民事责任。

2. 公平原则

法律追求的最高价值目标是公平，公平也是人们日常生活中必须有的道德情操。要想实现法律的最高价值目标，司法部门和立法部门就必须秉持正义、公平的态度为人民服务。民商法是调整人身关系和财产关系平等的法律，主要体现在人与人之间发生利益关系时，对双方的利益进行平衡与协调的问题上。所以，公平原则首先是立法原则，要求有关国家机关对任何一项国家法律制度的建立都必须做到公平；其次，从立法角度来看，民商法是以利益平衡作为价值判断标准来调整民商事主体财产关系和人身关系，从而确定其中各方当事人的法律地位。

3. 诚实信用原则

诚实信用原则是法律从道德层面出发，要求人们在民事活动中诚实、守信用，正当行使权利和履行义务。诚实信用的根本目的是让人与社会之间、人与人之间都能实现公平的最大化，因此，公平的崇尚与诚实信用的追求在法律中一直都是相辅相成、互为因果关系。诚实信用立法的产生是为了让市民的社会生活、商品经济都能够在安全的环境下有序地进行，对一切不正当、非道德的行为进行抵制。

商品经济是指直接以交换为目的的经济形式，包括商品生产和商品交换。每个商品生产经营者在经营活动中的目标就是使自己获得的利润实现最大化。现如今，随着商品经济的快速发展，生产社会化也有所提高，直接造成商业上欺诈、投机的行为越来越多，让人防不胜防。消费者对商品生产经营者慢慢失去了信任，商品生产经营者也开始进行非公平化竞争，使得商品经济的发展受到严重阻碍。诚实信用是对胁迫、乘人之危、欺诈、恶意损害他人利益等不道德行为所使用的照妖镜，让这些不道德的行为无处遁形。诚实信用原则本就是为了保障交易的安全性，维护竞争的公平性，它是从道德规范上升到民法层面，这一转变让诚实信用原则在日常生活中也产生了法律效力，让人身关系和财产关系得到更好的保护。

4. 禁止权利滥用原则

禁止权利滥用原则主要是对社会公共利益与个人利益进行协调。人要想更好地生存和发展，就必须积极地进行社会合作与分工，让彼此之间产生利益互换关系。在社会分工合作的过程中，人一旦参与进来，就要承担相应的社会义务。民法除了禁止权利滥用外，还在私权的保护上提出了私权神圣原则，即在保护个人合法权益的前提下，在对社会公共利益不产生损害、对法律不进行违反的范围里行使权利。因此，在商品经济时代，禁止权利滥用原则不仅有利于保护他人合法民事权益及商事交易活动的正常进行，而且有利于协调个人与社会、个人与他人的合法利益，对建立社会主义有序的市场经济起着重要的保障作用。

（二）商法特有的原则

1. 维护交易安全原则

在商事交易活动中，交易各方负有义务充分揭示交易内容，并将交易活动的进展和变更情况及时通知，以使相对人或第三人安全、及时地知晓交易实情。一般来说，维护交易安全原则主要表现在以下几个方面。

（1）强制主义

商事交易在形式上必须严格依照法律的规定，任何交易人不能随意更改。

（2）公示主义

商事主体应依照商法的规定，公开交易中公众所必须知道的重要事项。

（3）严格责任主义

实行严格责任主义是保障交易安全的一个重要举措，主要包括连带责任和无过错责任。

2. 保障交易便利和促进交易原则

商业以营利为目的，在现代商业实践中，交易速度和商品流转速度是至关重要的。因此，保障交易便利及促进交易原则也是商法的一个重要原则。具体体现为：在商事交易的时效期间方面，采取短期消灭时效主义；在交易形态和客体方面，采取交易定型化规则，以促进和达成交易之迅捷。

3. 确认营利、保障营利的原则

规范商主体和商行为的商法始终渗透着确认营利、保障营利的原则。商法关于商事登记、公司、证券、票据、保险、海商等规范均从不同方面反映了商法确认营利、保障营利的价值取向和原则。首先，它反映了商法调整对象的特殊性；其次，它科学地概括了商法具体规则的内在联结和精神，较好地实现了商法中价值与具体规则的汇合和贯通；最后，它已为大量商事法规所昭示，准确地揭示了商法基本原则的独特内容。

第三节　民商法的适用范围与法律渊源

一、民法的适用范围

（一）民法在时间上的适用范围

民法在时间上的适用范围是指民法在时间上的效力范围，即是指民法的生效时间和失效时间。何时开始实施法律规范可以根据法律机关的决议或命令进行规定，也可以通过法律规范本身进行规定。需要注意的是，在法律规范效力的时期方面民法是不能进行规定的，只有法律明文对其进行修改或废止时才会停止生效。也有法律在公布之时就规定了停止生效日期，只是占法律体系中很小的一部分。

民法的时间效力最重要的一个问题是民事关系在民事法律中有没有溯及既往的效力。法律溯及既往就是对新法律颁布实施前发生的行为和案件产生法律效力，但是需要考虑新法律是否适用曾经的行为和事件，溯及力的有无以新法律是否适用作为判断标准。但是一般情况下，对于过去的行为和事件，新法不会对其产生溯及既往的效力，对颁布实施新法后产生的行为和事件才会产生效力。需要注意的是在新法中明确规定的一些情况，是可以进行溯及既往的。

（二）民法在空间上的适用范围

民法在空间上的适用范围是指民法在空间上的效力范围，即民法在哪些范围可以发生效力。这里主要说的是域内效力和域外效力。域内效力，顾名思义就是在一个国家管辖的范围内都可以产生法律效力，如果在该国家管辖的范围外，那么法律效力就会失去作用。域内效力的一般原则是，民事法律规范的效力及于制定该民事法规的机关所管辖的领域。但是，民事法规在制定、颁布上不属于同一个机关，因此在适用空间范围上，民事法规也是有差异的。其差异主要体现在两个方面：第一，民事法规由中央机关制定并颁布，如国务院、全国人民代表大会、常务委员会和它们所属的办、部、委、署、局等，适用于我国的一切领域，如航海、领空、领土，还有国际惯例、国际法中特别强调的，如我国境外停泊或飞行的飞机、航船，驻外大使馆等；第二，区域不同，民事法规也有部分不同，这部分的民事法规是由各地方政权机关自己颁布的，适用范围只能在它们所管辖的范围内。域外效力，顾名思义就是不在自己管辖范围之内的法律效力。现在是文明的法治社会，各国各区域都是彼此尊重的，所以法律一般都只是产生域内效力，但是特殊情况下，如危害到法人、公民、国家的利益时，会根据情况产生域外效力。

（三）民法对人的适用范围

民法对具有法律效力的人群进行了明确的说明，在这个范围内的人必须要遵纪守法，严格约束自己。第一，在我国境内，除了本土居住的公民外，那些外国企业在中国设立的有限责任公司和股份有限公司都受民法约束；第二，在中国境内被允许设立的外国法人、无国籍人和外国人，只要居住在我国境内，就要受到民法约束。一些特殊的国际惯例、国际条约、双边协定及被我国认可的特别提出的规定除外。而且，民法中明确指出，有些权利外国法人、外国人、无国籍人不能享有，只针对中国法人、公民进行特权照顾。

二、商法的适用范围

（一）公司法适用范围

根据《中华人民共和国公司法》（以下简称《公司法》）规定，在我国有两种类型的公司形式：一是有限责任公司，二是股份有限公司。因此，《公司法》适用于这两种公司。

在世界范围内，由于各国的立法不同，公司的类型也各不相同。我们可以按照不同的分类标准对公司进行不同的划分。如以信用标准进行划分，可以分为人合公司、资合公司及人合兼资合公司；以规模标准进行划分，可以分为大型公司、中型公司、小型公司；以是否公开招股标准进行划分，可以分为公开型公司、封闭型公司；以公司支配关系标准进行划分，可以分为母公司、子公司；以登记标准进行划分，可以分为本国公司、外国公司；等等。

（二）破产法的适用范围

为了充分体现市场经济体制下企业法人在法律适用上的平等性原则，为不同所有制形式的企业法人的债权人提供平等的保护，《中华人民共和国企业破产法》明确规定所有企业法人的破产案件审理程序均统一适用该法，该法没有规定的，适用民事诉讼法的有关规定。公司申请破产的条件：企业法人不能清偿到期债务，并且资产不足以清偿全部债务或者明显缺乏清偿能力的，依照企业破产法规定清理债务。企业法人有前述规定情形，或者有明显丧失清偿能力可能的，可以依照企业破产法规定进行重整。这就将破产法的适用范围扩大到所有的企业法人，包括国有企业、法人型私营企业、三资企业，上市公司与非上市公司，有限责任公司与股份有限公司，甚至金融机构。

但是，需要注意的是：企业破产法仅适用于具有独立法人资格的企业，而不适用于不具有独立法人资格的其他企业（如合伙企业、个人独资企业）。

三、民商法渊源

（一）民商法渊源的含义

法的渊源是指法的表现形式。民商法渊源是指民商法律规范借以表现的形式。它体现在各国家机关根据其权限所制定的各种规范性文件中。

民商法渊源可分为实质渊源和形式渊源。实质渊源是指法律所组成之资料之义。形式渊源是指法律效力的渊源，即法律效力所发生的根源。实质渊源又可分为法律渊源和历史渊源。法律渊源是指作为法律的适用而言，成文法、习惯法、判例法等法律规范属于法律渊源。历史渊源是就法律的资料来源而言，如外国法、学说、惯例、道德等法律资料。

掌握民商法的渊源，对准确理解民商法，尤其是正确适用民商法、指导民商事主体的行为和约束民商事裁判行为，都具有重要意义。

（二）民商法渊源的表现形式

1. 宪法是全国人民代表大会制定的根本大法

宪法中有关我国各种经济成分和所有制形式的规定，国有企业经营权和集体企业自主权的规定，允许外国企业和个人在我国投资的规定，保护和发展私营经济、个体经济的规定，发展科学、文化、教育事业的规定，公民基本权利、义务的规定，是我国具有最高法律效力的民商法规范。我国民事基本法和单行法及商事特别法的制定，都必须以宪法中的这些规定为依据。

2. 民法典和商事特别法

在大陆法系国家，民法规范存在的基本形式是民法典。民法典是按照一定逻辑体系编纂民法规范的民事立法文件，是民法的最高形式。它以逻辑严密、体系完备、条文众多为特点，具有权威性和稳定性。

3. 行政法规中的民商事规范

国务院有权依据宪法、法律制定行政法规，其中有关民商事部分的法规、决议和命令，是民商法的重要表现形式，其效力仅次于宪法和民事法律。如《著作权法实施条例》《商标法实施细则》《全民所有制工业企业承包经营责任制暂行条例》等。依照宪法和组织法，国务院还有权发布决定和命令，其中具有规范性内容的、作为法律命令的行政法规，可以直接要求一般人遵守服从的，也是法律渊源。而如果行政命令只对其所指示的下级机关具有效力，则不可作为法律渊源存在。

行政规章是国务院各部委和有关地方政府依据法律、行政法规所制定的事关行政管理的规范性法律文件的总称，其中的民商事规范属于民商法渊源。

4. 地方性法规

地方性法规是指由特定地方国家机关依法制定和变动的，效力不超出本行政区域范围，作为地方司法依据之一，在法的形式体现中具有基础作用的法律规范性文件的总称。虽然地方性法规在实施中具有地域局限性，但地方性法规也是地方国家权力机关依据宪法的授权而制定的法规，在这些法规中有关民商事关系的规范同样也成为民商法的重要渊源。

5. 最高人民法院的司法解释

法律分析：司法解释，是指国家最高司法机关在适用法律过程中对具体应用法律问题所作的解释，包括审判解释和检察解释两种。

审判解释，指最高人民法院对审判工作中具体应用法律问题所作的解释。如《最高人民法院关于贯彻执行〈中华人民共和国民法通则〉若干问题的意见（试行）》。审判解释对各级人民法院的审判具有约束力，是办案的依据。

检察解释，指最高人民检察院对检察工作中具体应用法律问题所作的解释。这种解释对各级人民检察院具有普遍约束力。

司法解释就是依法有权做出的具有普遍司法效力的解释。广义上是指，每一个法官审理每一起案件，都要对法律做出理解，然后才能够具体适用。

因此，必须对法律做出解释，才能做出裁判。每一个案件都要这样做。由最高法院对具体适用法律的问题，作出的解释就是司法解释。

6. 国际条约和国际惯例

国际条约是两个或两个以上的国家就政治、经济、贸易、军事、法律、文化等方面的问题确定其相互权利义务关系的协议。国际条约的名称包括条约、公约、协定、和约、盟约、宣言、声明、公报等。国际条约虽然不属于国内法范畴，但我国政府与外国签订的或者我国加入的国际条约，对我国国内的国家机关、企事业单位、社会团体和公民也具有与国内法一样的约束力。从这个意义上来说，我国签订或加入的国际条约也是我国法的渊源。

国际惯例也称国际习惯，分为两类：一类为属于法律规范的国际惯例，具有法律效力；另一类为属于非法律范畴的国际惯例，不具有法律效力。法律是由国家制定和认定的，体现国家意志并由国家强制力保证实施的行为规范。惯例是长期以来在人们反复实践中形成的，人们自愿共同信守的一些行为规则。

国际惯例的法律效力依赖于国家法律的规定，即当国家法律以明示或默示方式承认该惯例时，即可产生法律效力，或国际惯例与法律不抵触（法律或国家参与、缔结的条约对某一事项无具体规定时，惯例用以填补法律空缺，才可产生法律效力）以及不违反一国的公共利益时，在大多数国家，国际惯例可以产生法律效力。

第四节　民事主体的发展

一、自然人在民法中地位的实现

（一）自然人在民法中地位的历史考察

1. 罗马法中的“人”

民法并不是一开始就赋予一切民事主体平等的法律地位，在近代民法出现以前的相当长时间里，民事规范中呈现的“人”只是处于身份制束缚下的不独立不自由的人。在罗马法中，人分等级，不同等级的人拥有不同的公权和私权。而人格（Caput）概念正是用来区分罗马帝国众多人种和种族的工具，只有享有人格的人才是法律上的人。罗马法通过这一原本有着“面具”含义的概念实现对不同人的区分，构成法律调节对象的标准。罗马法中人格的内容包括自由权、市民权和家族权。自由权是作为自由人所必须具备的基本权利，因此享有自由权的是自由人，不享有自由权的人就是奴隶。市民权类似于今天的公民权，是专属于罗马市民享有的权利。家族权是家族团体中的成员在家族关系中所处的地位和享有的权利，其中罗马法根据人在家庭中的地位不同，把人分为自权人和他权人（受家父权、夫权、买主权支配的人叫作他权人）。罗马法中自然人只有具有人格才能成为法律上的人，享有权利和承担义务。由上可见，罗马法中的人格并不是普遍赋予一切自然人，不享有自由权、市民权和家族权的生物意义上的人并不成为法律上的人。即便曾经拥有人格的人，也会因为人格内容的丧失或取得而发生人格变更，罗马法中的人格因此具有强烈的等级性和身份性。

罗马法中人格制度的基本价值在于区分自然人不同的社会地位，是一种一些人压迫另一些人的法律技术工具。罗马私法中真正的法律主体只是家父，奴隶始终处于权利客体的地位，而家子等则处在类似权利客体的地位，在家父权力的支配下，视特定的情形才拥有有限的权利。

由此，我们可以看出：在罗马法中，自然人不都是民事法律主体，只有具有人格的自然人，才能够具有享有民事权利、承担民事义务的资格。

2. 近代民法中的“人”

近代民法一般指 19 世纪资产阶级革命以来的民法，从整体来看，近代民法完全否定了身份社会的不平等身份以及权利状况，在法律上宣布一切自然人的人格一律平等。在罗马法中，自然人本身并不意味着都具有人格，近代民法赋予了所有自然存在的有血有肉的人私法主体的地位，使其成为权利和义务的主体，具有法律人格。这种转变的背后不仅是法律技术上的进步，更含有对人尊严的尊重和呵护。

近代民法中所有自然人均获得了作为民事主体的资格，同时随着经济的发展，“法人”这一不具有自然人属性的团体也获得了民事主体资格，“非人可人”的阶段正式开始。这一方面意味着自然人有机会更好地利用制度文明实现自身利益，另一方面意味着自然人绝对主体、唯一主体地位的终结。此外理性经济人成了近代民法中人的标准，对理性的绝对推崇使得人们认为人人都能基于理性而明了和选择自身利益的最大化。自然人之间和自然人与法人之间现实的差异被忽略，抽象人格被确立了。

3. 现代民法中的“人”

现代民法是近代民法在 20 世纪的延续和发展，可以说是现代社会的近代民法。与 19 世纪民法在政治上相对稳定和在经济上平稳发展的背景相比，20 世纪民法恰好处在一个极度动荡的、急剧变化的、各种矛盾冲突空前激化和各种严重社会问题层出不穷的极不稳定的世纪。在这段时期两极分化、贫富悬殊、劳动者与企业主的对立、生产者与消费者的对立，以及企业事故、交通事故、环境污染、缺陷产品致损等各种严重社会问题相继出现。规模浩大的民主运动、民权运动、女权运动、消费者运动、环境保护运动也到处兴起。法院面临许许多多新的问题和新型案件，法官、学者和立法者不得不改变法学思想，探求解决问题的途径，这种努力最终促成了民法制度和民法思想的变迁，近代民法发展演变为现代民法。梁慧星教授把现代民法的基本特征概括为两个方面。第一，平等性与互换性的丧失，出现了严重的两极分化和对立，主要表现为企业主与劳动者的对立、生产者与消费者的对立。劳动者和消费者成为社会生活中的弱者。经济地位和实力对比悬殊，实质上的平等无法单纯通过契约自由得以实现。第二，实质正义成为现代民法理念，社会妥当性成为民法的价值取向。建立在平等性和互换性上的形式正义，因为基础的丧失，使得关注和强调实质正义成为主旋律。基于对实质正义的追求，学说和判例创立了各种新的理论和判例规则，例如，情事变更原则、公序良俗原则等。法院和社会开始关注每一个判决所产生的社会效果。

（1）现代民法中的“人”——由抽象人格向具体人格转变

如果说，近代社会因为抽象人格给自然人带来了平等的主体资格，并由此促进了社会的进步和发展，那么在现代社会中，“弱而愚”的人应该得到重视的呼声却是不绝于耳。里佩尔在《职业民法》一书中写道：“我们必须给法律上的抽象人（例如所有权人、债权人、债务人）以及为进行论证而架空了的人（例如甲、乙）穿上西服和工作服……”其原因正是“人”与“人”之间的差距越拉越大。这种差距突出地表现在孤立的个人与实力强大的组织之间。

这些被“穿上衣服”的人，一种被想象为弱者，如需要法律扶助、关切的消费者和劳动者；另一种则被想象为强者，如大公司、大企业以及企业集团。相应的立法在各国也逐渐出现，如保护消费者权益的消费者权益保护法、保护劳动者利益的劳动法、保护市场竞争的反垄断法等。由此，消费者和劳动者这两类人的具体人格在法律上确立，消费者和劳动者的特殊身份被法律认可，身份的法律意义凸显出来，民法“人”开始区分为消费者 / 生产者、劳动者 / 雇佣者的二元模式。但这种区分远没有达到罗马法身份区分的程度，其区分的出发点也根本不同：罗马法的区分人格是为了保护强者的利益，使得只有少部分人能拥有这种民事主体的资格，是一种一些人压迫另一些人的法律技术工具。而“二元模式”的区分是为了保护弱者的利益，使得其不会在形式平等的口号与面罩下苦守不当的制度设计。

由此，我们可以得出的基本结论是，抽象人格有利于给每一个人以权利主体的资格，但在平等性和互换性丧失的今天，还绝对坚守抽象人格、无视具体主体的现实能力和地位会在无形之中带来不公正。社会的发展需要立法对此做出反应。具体人格的勾勒绝不是身份制度的死灰复燃，而是正义呼唤下的区别对待。

（2）“三个有限”取代“三个完全”给民法主体人像带来的冲击

我们知道近代民法人像以“理性的经济人”为标准，在这种理论假设中，人有完全的理性和完全的意志力实现完全的自利（简称“三个完全”）。人以追求私人最大经济利益为唯一目的，并按照经济原则活动，这种活动在无形的手——分工基础上的市场和竞争的指引下有益于社会的发展和财富的增长。传统民法正是在这种理论的影响下贯彻“私法自治”，并把它当作民法的核心价值，民事法律行为成为自己为自己立法的工具，并由此获得“契约必须履行”的伦理依据。这种理论假设给资本主义的发展带来了蓬勃生机，并给予了人最大限度的表面自由。但现代行为经济学研究表明，现实生活中的人并不具备“三个完全”特征。人始终是有限理性、有限意志力和有限自利的（简称“三个有限”）。启蒙运动中对人理性的弘扬和把人拯救于神之阴影下的功绩不能成为现实中人为完全理性动物的理由。事实上这种理性的经济人从来没有在现实生活中存在过。行为经济学研究的必然结论是：民法中的常态并非“强而智”的人。民法的人不问男女、成年与否，患精神疾病与否，都是愚而弱的，只是“弱”与“愚”的程度有所不同而已……那么在此时，如果我们还视之为平等而理性的主体，并为之进行法律设计，无疑与现实脱离、与正义无涉。

由此，我们可以看出，在现代民法中，无论是立法还是理论都开始对民事主体进行具体化梳理，传统民法中关于法律人理性的假设和主体平等、自由的构想受到了来自各方面的质疑。如果我们承认“抽象人格”和“法人”理论是我们组织生活的技术工具和制度文化，我们也不得不承认这种技术“弗兰肯斯坦”（Frankenstein）和制度“利维坦”不断地吞噬着它们的制造者：人虽然创造了它们，但再也感觉不到自己是它们的创造者和主人，反而成为它们的奴隶，需要服从甚至崇拜它们。这种工具理性的扩张与目的理性的萎缩，使理性从解放人的救世主变成了奴役人的恶魔。总之，人在当下特别需要被给予更多来自人性本源的关注和呵护。民法中“人”的再发现与回归成为现代民法的重要课题。

（二）自然人在中国民法中应有地位的实现

1. 把对人的保护作为民法的指导思想

在异常强大的市场力量、技术力量面前民法必须为保护人的生存和尊严做出努力，帮助解决人所面临的痛苦和烦恼。把对人的保护作为民法的指导思想，将会促使我们深刻反思各种制度的工具价值，明了制度背后的主体需要。21世纪的中国民法典应该是人法，是人的权利法，一定要坚定不移地以人为本，把人摆在全部法典的中心，将人文关怀精神贯穿每个条文。明确对人的保护是民法的指导思想将有益于我们从财产中心主义立法回归，缓解人的“异化”或“物化”，同时也有利于减少国家的家长主义干涉。

2. 区分主体立法

法律应对自然人和其他主体之间的不同做出反应，发展人的人格权，并就法人的主体制度、行为制度进行合乎保护人尊严的梳理和规定，人之作为人的伦理价值应该得到尊重。民法中的人不仅仅是一个遮蔽在财产法阴影下的人，而且是一个具有充盈、丰富的伦理性人格要素，有血有肉有尊严有苦恼的人。很多学者赞同区分立法：基于自然人和法人之间的本质差异，分别规定。我们不能再回到传统民法中的那个戴着面具的时代。就如上文所言，在传统的民法理论中，由于受到法律中众多因素的制约，导致法律中“人”的概念与现实中的自然人存在一定的偏差，自然人与法律中的“人”并未建立直接的联系，因此，法律中的“人”逐渐成了一种极为空洞的抽象概念。这种抽象概念对于法律技术而言具有辅助作用，但“自然人”与“法人”仍具有实质性的差异，尤其是在价值判断层面，二者之间绝不能画等号。这就要求传统民法理论在民事主体平等性原则的界定上更加清晰，即法人和自由人在任何民事活动中应当享有平等地位，但这种平等强调的是相对平等，而非绝对平等。

通常情况下，当自然人与法人的利益出现冲突时，自然人永远作为第一保护对象，即秉持自然人利益优先原则。从某种意义上来讲，从法律角度出发，自然人不能被视为一种处理对象，换言之，自然人与法人仍具有一定差异。自然人不仅会对物质产生需求，对艺术、宗教、思想也有一定的需求，因此自然人具有很强的伦理性，这种伦理性也促使自然人始终作为主体出现。与之不同的是，法人可以作为一种客体用于买卖。我们认为法人与自然人的区别立法可以借助于特别的商事立法得以解决，即在民法中只单纯地确认法人的主体资格，在法人的主体标准和具体权利、义务及行为规则上应该在商事立法上加以具体规定。现代民法对传统民法抽象人格的纠正，便是通过赋予商主体以具体人格，从而实现民商主体实质意义上的平等。随着市场经济的发展，内部组织规则和外部代表规则都明显不同于传统民事主体的商主体，即使传统民法经过了抽象人格具体化的“革命”，也不能满足其特殊的要求。从这个意义上说，商主体制度已经不能为传统民事主体制度所完整包容。所以，这种主体区分不仅有利于自然人的保护，而且会促成法人的良性发展。这种主体规定的分离不仅会纯化民法作为私法的性质，使公法的干预色彩得到淡化，也会使民法的体系结构更加紧凑而具有人文色彩，避免法人主体部分与婚姻、继承等领域的不符。

3. 在抽象人格上类型化具体人格

“人”在传统民法体系中扮演着一个十分抽象的角色，与实际生活中真实的“人”可谓是毫无关联，完全脱离现实中的实际情况。因此，就“人”的保护这一概念而言，民法典中对于人的保护更像是现实生活中某些人利用手中的权势而实施的特殊保护。总而言之，民法典在撰写、修订过程中应当从人民的利益出发，从根本上保障公民的合法权益，实施的保护必须具体化、个性化，决不能以抽象的概念定义“人”，要承认具体人格，承认社会上、经济上的强者和弱者的存在，抑制强者，保护弱者。但考虑到中国民法文化尚未根深蒂固，构建民法主体间平等的法律地位仍然是中国法治进程的一个重要任务，所以以上的人格具体化必须是在主体平等、地位平等的基础上进行。我们还需要在借鉴西方抽象人格理论上下足功夫。因为经历近代西方抽象人格论的洗礼，使抽象人格观念深入人心，这一过程是必要的，这一阶段是不可逾越的。“抽象人格”是民法的基本精神之一。具体人格的刻画不是对抽象人格的根本否定，而是对绝对抽象人格的纠正。当然，如何在立法中区分不同的人是件十分困难的事，但我们不能因此而停止我们思想的脚步，因为这是时代的召唤。至少在坚持类型化的基础上，对那些已经被充分论证的在社会生活中具有区分必要的主体加以突出是可能的。

二、法人制度的发展

（一）法人的概念和特征

1. 法人的概念

自然人是依自然规律产生的民事主体，而法人是与自然人相对应的，由法律创造的“人”。《中华人民共和国民法典》（以下简称《民法典》）第五十七条规定：“法人是具有民事权利能力和民事行为能力，依法独立享有民事权利和承担民事义务的组织。”第五十八条规定：“法人应当依法成立。法人应当有自己的名称、组织机构、住所、财产或者经费。法人成立的具体条件和程序，依照法律、行政法规的规定。设立法人，法律、行政法规规定须经有关机关批准的，依照其规定。”

2. 法人的特征

法人是具有独立人格的团体，具有不同于自然人的一系列明显特征。①法人是社会组织。②法人具有独立的财产。法人能成为民事主体的支柱，能够独立享有民事权利能力和民事行为能力，就是依赖于其有独立财产，没有财产或者没有独立财产就无法承担其应负的义务。③法人能以自己的名义参加民事法律关系。法人作为拟制的人，享有民事权利能力和民事行为能力。④法人是独立承担民事义务的组织。法人独立承担民事义务，是指法人以自己所有的或者依法独立支配和处分的财产，承担其在民事活动中的债务。

（二）法人的分类

1. 企业法人、机关法人、事业单位法人和社会团体法人

法人的种类众多，大致可以分为企业法人、机关法人、事业单位法人和社会团体法人。企业法人是社会生活中营利性质的团体组织，主要负责社会生产、货物流通、科学技术活动等内容，目的是实现财富的积累；机关法人依法享有国家所赋予它们的一系列权益，是一种能够行使权力的国家机关，具体可划分为权力机关法人、司法机关法人、行政机关法人等；事业单位法人则主要是指负责我国社会公益项目，合理利用国有资产开展活动的单位，主要开展与文化、教学、医疗、卫生相关的社会活动；社会团体法人由众多自然人组成，目的是实现全体成员的共同想法，遵循一定原则开展非营利性质活动。

2. 公法人与私法人

由于法律和设定法人的目的存在一定的差异，因此法人可以被划分为两类，即公法人和私法人。只要是拥有法律的法治国家，在遵循以公共利益为主的原则下，按照公法所设定的法人称为公法人，国家管理部分的法人就是非常典型的公法人，而以个人利益为主的且根据私法所设定的法人为私法人。当然，由于私法人成立的基础有所不同，这就导致私法人又被划分成了财团法人及社团法人。前者是依托现有财产形成的私法人，如各种基金

会、私立学校、科学研究机构、宗教教堂、寺庙，以及孤儿院、救济院等。后者主要是以人为核心且以组合形式形成法人，常见的有社会中的合作社、协会等。

3. 公益法人与营利法人

以法人的设立目的为标准，可将法人区分为公益法人和营利法人。以营利为目的所设立的法人是营利法人，如公司等；反之为公益法人，如慈善组织等。社团法人中，既有公益法人，也有营利法人。

三、其他组织和国家的主体地位实现

“其他组织”（又称非法人组织）一词在我国民事法律中频繁出现，其作为民事主体的地位是不可否认的，而在将“其他组织”作为民事主体的前提下，对其含义的理解在比较法的视野下却出现了偏差。原因在于我国的“其他组织”有其特殊的形成背景，同时在比较之下也给我们对民事主体制度进行反思提供了很好的素材。

国家是一种特殊的民事法律关系的主体，在某些特定的民事行为中才能有国家的参与。相关的法律在这方面有规定，矿产资源和水源河流等都是属于国家的，埋藏物的所有人是国家，隐藏物的所有人也是国家，另外具有强制性和无偿性的税收收入也是属于国家的。一些大中型的企业，例如航空、铁路等设施也是属于国家的。

所以，国家作为一类特殊的民事法律关系的主体在我国的民事法律关系中占有重要的地位，起着非常重要的作用。国家这一集公权与私权于一体的复杂主体，与其他主体一起参与到民事法律关系当中，让国家的私法性真正体现出来，有很多问题是值得深入探究的。

第二章　公司法原理

第一节　公司法原理概述

一、公司

（一）公司的法律特征

1. 依法定条件与程序成立

《民法典》对各种法人均提出了依法成立这一共同要求；同时，《公司法》对公司这一特殊法人的成立条件和程序均设置了不同于一般法人的特殊性规定，如公司的组织形式、注册资本规模、股东认股与缴纳出资、公司的组织机构、公司的设立登记等，公司必须严格遵循这些法定条件和程序始得有效成立。这一特征反映了商事主体及其活动由传统自由主义向现代国家干预主义的转化，同时也是商主体法定主义原则在公司领域的体现。

2. 以营利为目的

《民法典》以是否以营利为目的作为标准，将法人区分为营利法人和非营利法人。以取得利润并分配给股东等出资人为目的成立的法人，为营利法人。营利法人包括有限责任公司、股份有限公司和其他企业法人等。作为企业法人组织形式之一的公司，具有营利属性、以营利为目的，自属当然，亦是其区别于其他非营利性社团和组织的重要法律特征。所谓以营利为目的，是指公司应当从事经营活动，并以将该等经营活动所生之利益分配给其成员为最终目的。

公司的营利属性是其存在和发展的原初动因，同时也是其追求利润最大化、最大限度地满足股东投资回报要求这一目标的体现。公司由股东出资设立，是股东实现其投资利益的法律工具。但值得注意的是，随着公司社会责任理论和实践的发展，传统公司法中营利性要求之下的“股东利益至上”原则受到一定程度的限制和弱化。如《公司法》第五条即明确规定了公司的社会责任，要求兼顾相关利益者的需求。

3. 具有独立法人人格

《公司法》第三条将公司明确定位为“企业法人”；同时，《民法典》的相关规定将企业法人界定为具有民事权利能力和民事行为能力，依法独立承担民事责任的营利性经济组织，即承认企业法人亦具有独立的法律人格。由此可见，在法律上，公司与自然人一样，享有独立的人格，而且正是这一独立法人人格使其能够区别于作为其成员的自然人而独立存在。公司法人独立人格的特征在于其独立的财产、独立的组织机构以及能够独立对外承担民事责任。

4. 以股东出资为基础的社团法人

大陆法系将法人分为社团法人和财团法人两类。前者是指以社员的结合即人的集合为成立基础的法人，如公司、合作社，各种协会、学会、俱乐部等；后者则是以财产的集合为成立基础的法人，如慈善机构、基金会等。公司是一种社团法人，故其须由若干成员发起、设立，并在存续过程中亦应当由符合相应人数规定的成员组成。另外，对于性质不同的公司，其社团法人的属性在法律上的要求不尽相同，一般而言，封闭性的有限责任公司的股东人数相对较少，开放性的股份有限公司的股东人数相对较多。如《公司法》规定，有限责任公司由 50 个以下股东出资设立；而设立股份有限公司，则应当有 2 人以上 200 人以下为发起人。值得注意的是，《公司法》承认了一人有限责任公司并且设专节对其相关制度予以规制。这表明，一人有限责任公司作为一种例外，已经成为现代公司法对公司社团法人属性的突破。

（二）公司的分类

1. 公司的法定分类

（1）英美法系国家对公司的法定分类

①美国公司法中有关公司的分类。在美国公司法中最基本的分类是封闭公司与公众公司，此外，还存在着所谓的“有限责任公司”。一般认为，封闭公司的资产相对较少、规模相对较小，公众公司的资产相对较多、规模相对较大。但并不完全绝对。实际上，除经济规模外，封闭公司与公众公司之间更为重要的区别在于股东的人数及其股份的流动性是否存在限制的问题。美国法学会制定的《公司治理指南》将封闭公司界定为股权证券由少数人拥有并且不存在为这些证券提供活跃的交易市场的公司。除此之外，美国的一些州对封闭公司予以专门立法，对其予以明确界定。封闭公司具有的特点：一是股东人数较少，一般为 30 人以下，且股东多亲自参与公司管理；二是不面向公众发行股票，其股份未注册为公开发行股份；三是其股票交易不存在公开的外部市场，股份转让受到限制。

与之相对应的，即为公众公司。公众公司的特点：一是股东人数众多，且多数股东不参与公司管理，对公司管理持不同意见的股东可“用脚投票”，即以出售其股份的方式离开公司；二是其股份公开发行，且须进行登记注册；三是其股票交易在公开市场上进行，如证券交易所或“柜台市场”。

1977 年，怀俄明州率先颁布了有限责任公司法。美国国内税务机关于 1988 年裁决有限责任公司可以免缴企业所得税，大大刺激了有限责任公司的发展。美国统一州法全国委员会于 1994 年制定了统一有限责任公司法作为示范。截至 1996 年，美国 50 个州及哥伦比亚特区均制定了自己的有限责任公司法。美国立法中的有限责任公司与传统的有限责任公司不尽相同，它实际上是立足于中小投资者的需要、为中小企业量身设计的一种公司类型。一方面，出资人享有传统有限责任公司中出资人以出资为限对公司债务承担有限责任的特权；另一方面，出资人可以灵活选择管理模式，既可采用两权分离的管理模式，也可像合伙企业中出资人那样直接经营、管理公司，仅缴纳个人所得税，从而避免双重纳税。美国的有限责任公司是合伙和传统有限责任公司的结合体，具有有限责任、一次纳税、管理模式灵活等多方面优势。相关立法的繁荣及其自身的优势，使得有限责任公司这一组织形式具有蓬勃的生命力，是众多中小企业乃至大型企业设立之初对公司组织形式的最优选择。

②英国公司法中有关公司的分类。英国以是否注册为标准，将公司分为注册公司与非注册公司。注册公司，是指依照 1948 年的公司法登记注册成立的公司，是英国最为普遍和重要的公司形式。非注册公司，是指注册公司之外的依照特许令或者特别法而成立的公司，根据具体设立依据的不同，又可以分为“特许公司”和“法定公司”。所谓“特许令或者特别法”，主要包括皇家特许令状、国会特别法案以及某些专门法令等。

以股东人数及其股份能否自由转让为标准，将公司分为私人公司与公众公司。这是英国普通法中关于公司的最基本分类。私人公司，是指由具有人数限制的股东共同出资设立且其股份转让受到限制、不对外公开招股并实行封闭式经营的公司。英国 1908 年的公司法对私人公司予以专门界定：成员不超过 50 人，对股份转让加以限制，禁止向公众发行股份。公众公司，则是指股东人数无法定限制，依照法定程序可对外公开招股，且其股票可在公开市场上自由转让的公司。英国 1980 年的公司法对公众公司予以专门界定：一是须在公司组织大纲中明确规定其为公众公司，二是须遵守公司法中有关登记注册要求，三是须在公司名称中标明“公众公司”字样，四是公司正式营业前须满足法定最低资本限额要求。

（2）大陆法系国家对公司的法定分类

①无限公司。无限公司，其全称为无限责任公司，是指由两个或两个以上的股东组成、股东对公司债务承担无限连带责任的公司。这是最早的一种公司形式，其原始形态是中世纪时期的家庭经营团体，现仅存在于大陆法系国家和地区，是大陆法系国家法律中特有的公司类型。例如，德国的商法典规定：“各股东以共同商号经营商业，对公司债权人负无限责任的公司，为无限公司。”法国的公司法规定：“无限责任股东均有商人资格，应就公司债务负无限连带责任。”无限公司具有的主要特征具体如下。

第一，须由两个或两个以上的自然人股东组成，公司存续过程中发生股东仅剩一人之情势时，应当予以解散或者变更为独资企业。另外，无限公司的股东必须为自然人，法人不得成为无限公司的股东。

第二，股东对公司债务承担无限连带责任。所谓无限责任，是指股东对公司债务的清偿不受其出资额的限制，除其出资外，股东还应以其他个人财产担保公司债务的清偿。所谓连带责任，是指各个股东均对公司债务负有全部清偿责任，部分股东全部清偿了公司债务或其清偿债务超出其应负份额时，则有权向其他股东追偿。

第三，具有典型的人合性质。无限公司的设立基础是股东的个人信用，因此，法律对无限公司股东的出资采取相对宽容的态度，如无最低注册资本额限制，股东出资形式相对灵活、可以劳务或信用出资，资本的增加和减少不受限制，无须公开账目等，但股东转让出资却受到严格限制。上述特征均表明无限公司具有典型的人合性。

第四，具有法人资格。尽管无限公司股东之间的关系具有类似合伙人关系的特征，但除个别国家，如德国、瑞士外，大陆法系国家的法律中均赋予无限公司独立的法人地位。这是无限公司区别于普通合伙的关键所在。另外，无限公司在组织机构和规范性上，亦较普通合伙更为严密、审慎。

尽管无限公司具有设立程序简便、组织结构稳定、股东出资灵活、信用可靠等优点，但同时亦存在股东风险过大、难以吸引投资的弊端，使得其规模发展受到限制。实践中，采取无限公司形式的多为中小企业，且日渐式微。

②有限公司。有限公司，又称有限责任公司，是指由法定人数的股东组成，每个股东以其认缴的出资额为限对公司债务承担责任，公司以其全部财产对其债务承担责任的公司。依此界定可知，所谓“有限”，是股东责任的有限性，而非公司自身责任的有限性。正是基于这一特点，有限责任公司可以极大地降低股东的投资风险。

③股份公司。股份公司，又称股份有限公司，是指由法定最低人数以上的股东组成，公司全部资本分为等额股份，每个股东以其认购的股份为限对公司债务承担责任，公司以其全部财产对其债务承担责任的公司。

股份公司和有限责任公司是现代企业制度中最为重要的两种公司组织形式，二者具有一个共同的重要特征，即股东负有限责任。但同时，二者亦具有以下显著的区别。

第一，股份公司全部资本分为等额股份，股东依其认购、持有的股份数享有股东权益；有限责任公司的资本则不划分为等额股份，股东依其所持有的出资证明书标明的出资比例享有股东权益。

第二，股份公司可以向社会公众公开发行股份并自由转让其股票；有限责任公司则不得公开募集资本，只能由股东认缴出资。有限责任公司股东的出资转让受公司法和公司章程的限制，不像股份公司那样存在公开的股票交易市场，可以自由转让。

第三，股份公司股东人数众多，且具有公众性、开放性的特征，筹资渠道通畅，能够适应大规模社会集资的需要。因此，股份公司一般具有较大的经济规模，多为大型企业选择的组织形式。有限责任公司股东人数则具有法定的上限限制，股东间具有良好的人身信任关系，具有明显的封闭性特征，这在一定程度上限制了有限责任公司的筹资能力，影响其经济规模，因此，多为中小企业选择的组织形式。

第四，股份公司股东众多、规模较大的特征，决定其必须采取两权分离的集中管理模式，专业化管理层的设置使得股份公司在财产结构和治理结构上均具有自身的特殊之处；有限责任公司股东多亲自参与公司经营管理，不具有明显的两权分离现象，集中管理的相对弱化在一定程度上降低了经理层职业化所引发的代理成本和道德风险问题。

④两合公司。两合公司，是指由一个以上的无限责任股东和一个以上的有限责任股东组成，其中无限责任股东对公司债务承担无限连带责任，有限责任股东则以其出资额为限对公司债务承担责任的公司。从本质特征上看，两合公司类似于普通法系以及我国的有限合伙。

具体而言，两合公司又可以分为一般两合公司和股份两合公司两种。前者是无限公司和有限公司的结合；后者则是股份公司出现后，与无限公司相结合而产生的两合公司类型。股份两合公司与一般两合公司的区别在于其有限责任股东的出资划分为等额股份，有限责任股东以其认购的股份为限承担责任，并可以对外公开发行的方式募集股票，这使得其更容易吸收社会公众投资。

两合公司的最初设计理念是既吸纳无限公司中股东负无限责任的强大信用担保，同时又结合有限公司或股份公司中股东负有限责任的优点，吸引投资，扩大公司运营资金来源。但实践中的发展与其理论初衷渐生背离。一方面，无限责任股东的投资风险过大；另一方面，有限责任股东地位较低、无权参与公司经营管理，而丧失其投资吸引力。两合公司已日渐减少，目前仅德国、法国等少数国家还有所保留。

（3）我国公司法中的公司法定分类

①有限责任公司与股份有限公司。《公司法》规定：“本法所称公司是指依照本法在中国境内设立的有限责任公司和股份有限公司。”根据这一规定可知，《公司法》对公司的法定分类为有限责任公司和股份有限公司，未承认无限责任公司和两合公司。

②一人有限责任公司。《公司法》对一人有限责任公司进行了界定，对公司的社团性予以突破。根据该款界定，一人有限责任公司是指只有一个自然人股东或者一个法人股东的有限责任公司。一人有限责任公司虽本质上仍属有限责任公司范畴，与普通有限责任公司具有共通之处，但因其股东仅为一人，故其在股东出资、设立、组织机构以及责任承担等方面存有诸多特殊规定。

③国有独资公司。除上述一人有限责任公司外，《公司法》中还存在另一种特殊形态的有限责任公司——国有独资公司。根据《公司法》的规定，国有独资公司是指国家单独

出资、由国务院或者地方人民政府委托本级人民政府国有资产监督管理机构履行出资人职责的有限责任公司。

国有独资公司在性质上仍属有限责任公司，但因其投资主体具有特殊性、单一性，涉及国有股权和法人所有权之间的复杂关系，且其所处行业的垄断性和保值增值的经营目的，使其具有不同于普通有限责任公司的特殊之处。

④外国公司的分支机构。严格来讲，外国公司的分支机构并不是《公司法》中有关公司的分类，但基于《公司法》设专章对其加以规范及其在社会经济生活中日益重要的地位，此处将其作为《公司法》中有关公司法定分类的一种。

2. 公司的学理分类

（1）人合公司、资合公司与人合兼资合公司

以公司的信用基础为标准，可以将公司分为人合公司、资合公司与人合兼资合公司。

人合公司，是指以其成员即股东个人的信用为信用基础的公司。公司外界的信赖，非产生于公司资产，而是产生于股东个人，股东个人对公司债务承担无限连带责任，即所谓“信用在人”。因此，此类公司就股东对公司出资的数额、方式等均无限制，但对于股东之间的连带关系、人身信任关系以及股东的退出机制和出资转让等设有严格的限制性要求。人合公司的典型形式是无限公司。有限责任公司也具有较强的人合性。

资合公司，是指以公司自身的资产为信用基础的公司。公司外界的信赖，非产生于股东个人，而是产生于公司资产，股东个人对公司债务仅以出资为限承担有限责任，即所谓“信用在资”。因此，此类公司对股东之间的连带关系、人身信任关系以及股东之间的出资转让和身份转换并无严格限制，但对构成公司资本的股东出资、公司资本与资产制度、特定情形下对债权人的特殊保护等予以明确规定。资合公司的典型形式是股份有限公司。

人合兼资合公司，是指兼以股东个人信用和公司自身资产为信用基础的公司。公司外界的信赖，既产生于股东个人，也产生于公司资产，其中无限责任股东以其个人信用对公司债务承担无限连带责任，有限责任股东以其出资为限对公司债务承担有限责任。人合兼资合公司的典型形式是一般两合公司和股份两合公司。

（2）普通公司与特殊公司

以公司设立的法律依据和营业内容为标准，可以将公司分为普通公司与特殊公司。

普通公司，是指依照普通公司法设立的、从事普通商业经营活动的公司。这一界定表明，普通公司具有两个特征：一是依照普通公司法设立，所谓普通公司法是指规定公司这一组织形式基本问题的法律；二是从事普通的商业经营活动，如商品的制造、加工，商品的批发、零售，或者普通的服务业等。

特殊公司，是指依照商事特别法设立的、从事特别业务的公司。这一界定表明，特殊公司具有两个特征。一是依照商事特别法设立，所谓商事特别法，如《中华人民共和国商业银行法》《中华人民共和国证券法》《中华人民共和国保险法》《中华人民共和国证券投资基金法》等。特殊公司虽为依照商事特别法设立，但存有商事特别法无明确规定的事项时，仍须适用普通公司法的有关规定。二是从事特别业务，所谓特别业务，如商业银行业、证券业、保险业等金融行业，其特殊内容由商事特别法的规定而产生。

（3）公营公司与民营公司

以公司资本构成的所有制为标准，可以将公司分为公营公司与民营公司。

公营公司，又称为国有公司，是指在公司资本构成中，国有资本居独占地位或者国有与私人合资经营但国有资本居控股地位的公司。我国市场经济体制是由计划经济演化而来，转型时期的大部分公司是由国有企业改制而成，多数为国有资本居控股地位的公营公司，其中国有独资公司为典型的公营公司。

民营公司，又称为私营公司，是指在公司资本构成中，私人资本居独占地位或者国家与私人合资经营但私人资本居控股地位的公司。以私有制为主体的市场经济国家的公司，大多数属于民营公司。

（4）母公司与子公司

以公司之间的控制与隶属关系为标准，可以将公司分为母公司与子公司。

母公司，是指拥有另一个公司一定比例以上的股份，或者通过协议等方式能够实际控制另一个公司的公司。与此相对，子公司是指其一定比例以上的股份被另一个公司拥有，或者通过协议等方式被另一个公司实际控制的公司。所谓“一定比例”，通常指一个公司拥有另一个公司 50% 以上有表决权股份，但实践中，对于股东人数众多、持股分散的公司，无须达 50% 以上亦可取得实际控制权；所谓“实际控制”，通常指一个公司能够对另一个公司重大事项产生决定性影响并能够据此获得利益。母公司和子公司均为独立法人，子公司“被实际控制”的事实状态不影响其在人格、业务、财产以及责任承担等方面的法律上的独立性。

（5）本公司与分公司

以公司内部的组织、管辖关系为标准，可以将公司分为本公司与分公司。

本公司，又称总公司，是指依法设立的，负责统一管辖该公司内部的业务经营、资金、人事等全部事项和组织机构的总机构。我国《企业名称登记管理规定》要求，必须设有 3 个以上分支机构的公司，始得在其名称中使用“总”这一字样。本公司具有独立法人资格。

分公司，是指依法设立的，其业务经营、资金、人事等事项均受本公司管辖的分支机构。值得注意的是，分公司虽有“公司”之名，但不具有公司的独立法人资格，也不具有法律和经济上的独立性，其须按照本公司的授权从事业务活动，由此产生的一切法律后果亦由本公司承担。这也是本公司、分公司与母公司、子公司之间法律关系的根本区别，在实践中，公司多从自身情况出发来选择具体的设立形式。

（6）本国公司、外国公司与跨国公司

以公司的国籍为标准，可以将公司分为本国公司、外国公司与跨国公司。

有关公司国籍的认定依据，世界各国有不同的立法和学说，大致有设立准据法主义、股东国籍主义、设立行为地主义以及公司住所地主义几种模式。我国通常对公司国籍兼采设立准据法主义和设立行为地主义，即凡是依据中华人民共和国法律在中国被批准设立的公司均为中国的本国公司，凡是依据外国的法律而在外国被批准设立的公司即为外国公司。所以，本国公司，是指依照本国法律在本国境内登记设立的公司。由此可知，我国的中外合作经营企业、中外合资经营企业和外资企业均属本国公司。而外国公司，则是指依照外国法律在本国境外登记设立的公司。依照《公司法》的规定，外国公司可以在我国境内设立分支机构，进行经营活动。

跨国公司，是指以本国为基地或中心，通过对外直接投资，在不同的国家或者地区设立子公司、分公司或者其他投资企业，从事国际化生产经营活动的经济组织。严格地讲，跨国公司并不是一个公司法上的概念，也不是法律上的独立实体，仅其内部基于母公司与子公司的关系、本公司与分公司的关系或者其他参股投资关系而形成一种跨国（边）境的特殊公司联系形式。故在各国公司法中都没有专门用来调整跨国公司关系的内容，跨国公司内部子系统的关系，分别各自受相应的法律调整。

二、公司法

（一）公司法的概念与特征

1. 公司法的概念

公司法是指规定公司的设立、组织、运营、管理和解散以及其他对内对外关系的法律规范的总和。公司法主要调整两类社会关系：①在公司的设立、组织、运营、管理和解散过程中所发生的内部关系，主要表现为公司、股东、管理层以及相关国家主管行政机关之间相互作用的关系；②一定范围内的与公司组织属性相关的外部关系，如公司与债权人、特定交易相对人等之间的关系。

广义上的公司法，又称实质意义上的公司法，是指调整与公司有关的各种社会关系的全部法律规范，或者说是公司法律规范总称意义上的公司法、作为部门法意义上的公司法。狭义上的公司法，又称形式意义上的公司法，是指以法典形式出现的、直接以“公司法”命名的法律规范，如《中华人民共和国公司法》。任何国家都存在实质意义上的公司法，但并非所有的国家都制定有形式意义上的公司法。

2. 公司法的特征

（1）公司法是商法的一种，在性质上属私法，但具有较多强行性规范，是任意法与强行法的结合

商法是调整平等商事关系的法律规范的总和。中国目前虽然没有商法典，但有调整商事关系的实质意义的商法。公司法是商法中最重要的一个领域。公司法可以对民事主体之间的平等关系进行调整，这种调整主要为了使公司的行为与组织更规范，使社会经济秩序平稳运行，使股东、公司和债权人的权益得到保障，同时，可以推动市场经济的发展。其主要调整方法是设定各相关主体之间的民事权利义务和相应的法律责任。因此，公司法在性质上属于私法，在公司法法律规范的属性上，有诸多任意性法律规范，来使公司在私法上的权利主导地位和自制得以实现。《公司法》中应用了许多带有“除外”的表述，如“除本法有规定的外、由公司章程规定”“公司章程另有规定的除外”等，这都表现了公司法的任意性规范和私法属性，公司也因此获得了自主制定章程和会议决议的权利，并以此来实现公司内部的意思自治。

同时，公司法亦具有一定的公法属性，尤其是进入现代资本主义时期，国家对经济生活进行较多的干预，公司法中出现大量的强制性规范，表现出一种“私法公法化”的倾向。例如，《公司法》中对公司的设立条件、公示登记、组织机构的设置、高级管理人员的任职资格、对外担保、股票与债券的发行条件、公司组织形式变更、终止的条件和程序以及法律责任等问题均设定了相应的强制性法律规范，使得公司法在特征上表现出任意性规范和强行性规范的结合。需要说明的是，公司法中存在强制性规范的事实，并不是对公司自治的根本否定，亦不能改变公司法的私法属性。

（2）公司法具有人格法的特征

人格法的规范本属民法的构成部分。《民法典》关于“人”的规定，包括自然人、法人和非法人组织三个部分。其中，有关法人的规定，又区别为营利法人、非营利法人和特别法人。公司法就属于该群种之一，即公司法是关于公司人格的法律。它通过对公司的名称、公司的住所、公司法人资格的取得、公司的能力、公司的意思机关、公司的代表机关等的规定，使其独立于股东，自主进行经营，由此赋予公司以法人人格。

民事权利主体是“人格”中“人”的主要含义，而主体资格则为其中“格”的含义。民事权利主体资格被称为人格者。与此对应，公司身为民事权利义务主体所拥有的资格就是公司人格。公司在设立的过程中完成一系列程序，并且满足了法律规定下的程序以及实质要件后便获得了独立人格。在这个过程中，公司获得了与股东相独立的法人财产、名称和住所，获得了经营活动开展和民事责任承担的独立自主权。上面阐述的就是公司法人人格制度，也被称为公司人格制度。公司人格制度有两个基本内涵：①公司人格独立，作为独立的民事主体，能够向外承担相应的责任；②公司独立于公司的股东而拥有主体资格，法律赋予了公司独立于股东的身份，二者没有隶属关系，在法律层面，公司与其股东的地位一样。

法律的拟制为公司带来了自身的独立人格，这是一种制度安排，体现在现代的法律中。公司人格制度反映了日益扩大的生产规模、不断进步的技术手段和不断改进的经营管理对企业组织形式的客观要求。英美法学者对公司的独立人格做了一项比喻，把其比喻为公司头上所罩的面纱，这层面纱可以避免公司人格与其成员的个人人格相互混淆，使公司债权人无权直接向股东追索。

从公司人格的定义，可以看出公司人格具有如下主要特征。

①公司人格具有法定性。公司人格是由法律拟制而成，依照法律规定的程序赋予公司以法律人格，得到法律的认可。法定性是公司人格区别于自然人人格的重要特征，也是法律拟制人格的关键所在。

②公司人格具有独立性。所谓独立性，是指公司与其组成人员是相互独立的不同的法律主体，具有不同的法律人格。其独立性主要体现在财产独立、意思独立、存续独立、责任独立、诉讼主体资格独立五个方面。

③公司人格具有平等性。平等性的内涵包括：公司与公司或其他法人之间人格平等，公司与自然人之间人格平等以及公司与其他具有独立人格的非法人团体之间人格也平等。这一平等指的是法律地位的平等，即在法律活动中，不论公司的行业、性质、财产多寡，其民事主体资格一律平等，不承认任何特权。当然，公司的人格平等，只是资格平等、机会平等，而不是指不同公司之间市场竞争结果的平等。

（3）公司法是组织法，但兼具行为法的特征

公司是一种经济组织体，公司法对这一组织体的形成、变更、程序和终止条件等方面做出了具体规定，其中包括公司的成立、变更和终止，公司法律地位、行为能力、经营管理、章程制定修改等。这使公司获得了独立自主的权利，成为权利主体，对内对外发生法律关系、享有权利、承担义务、参与社会经济活动等。所以，公司法首先表现为组织法。

同时，公司法又具有行为法的特征。公司的商业经营活动可以区分为普通的商业活动和与公司组织特点直接相关的业务活动两种。前者如商品购销活动，为一般商事组织均可以进行的活动，多由合同法、担保法等其他相关法律规制；后者如股票和债券的发行和交易，为公司特有的、与其组织特点直接相关的业务活动，仅此种商业经营活动才由公司法调整。《公司法》中对发行股票和公司债券的条件和程序，股票和公司债券交易、转让的方式及规则的相关规定即属后者。

（4）公司法是国内法，但有一定的国际性

一方面，从本质上来看，公司法依旧是国内的法律，能够影响国家的经济发展。另一方面，公司法又具有一定的国际性。这种国际性，首先源于经济全球化的发展以及法律制度的移植和借鉴，使得各国在公司法内容上相互协调、渗透，趋于一致。例如，各国公司法中有关公司的概念、类型、资本制度、治理结构、公司证券的发行交易、公司的解散与清算等方面的规定并无本质性差异。公司法是对市场经济活动客观规律的反映，而且有相当一部分公司法律规范具有很强的技术性特征，如公司的设立登记程序、决议表决方式、累积投票制度以及公司财务会计等，均具有客观规律和技术设计上的共通性。此外，区域性、国际性统一公司立法的实践和尝试，亦是公司法具有较强的国际趋同性的重要因素。例如，欧盟即采用制定公约、发布指令以及制定统一的欧洲公司法的方式来协调和统一成员国的公司立法。

（5）公司法是实体法，但兼具程序法的内容

在公司法中基本法律规范为实体法规范。但公司法也具有相当部分的程序法上的规范，如公司设立时的申请、登记程序，公司股东（大）会、董事会、监事会等组织机构召开会议、行使职权的程序，公司合并、分立、清算、解散的程序等，上述程序性规定，对公司的有效成立、运营、管理乃至终止均影响甚巨，除具有辅助实现实体法上权利义务的意义外，亦具有独立的程序正义价值。

（二）公司法的基本原则

公司法的基本原则，是指贯穿于公司法立法、执法、司法活动的各个方面和全部过程的基本理念和指导思想，是公司法律制度基本精神和价值目标的体现。公司法的基本原则是市场经济活动中公司关系现实状况和基本要求的反映，也是公司及其相关主体的行为规则和公司司法裁判中的适用规则。主要包括以下内容。

1. 鼓励投资原则

公司作为一种营利性组织体，其本质是投资者可以选择的股权式投资工具。公司法作为公司制度的基础性规范，其重要原则之一就是鼓励投资，从而为公司的发展和成长提供最优的规制环境，以便在激烈的全球经济竞争中获取制度优势，吸引投资者。《公司法》在修订过程中贯彻了这一基本原则，例如，取消普通公司注册资本最低限额、放宽出资方面的分批缴纳、允许一人有限责任公司的设立、取消公司转投资法律限制等。

2. 股权、股东平等原则

这一原则由股权平等原则和股东平等原则合并而成，二者有着深刻的内在联系，说明如下。

（1）股权平等原则

股权平等原则指的是股东在自身拥有的股份性质和份额的基础上，获得平等待遇，拥有相同性质股份的股东应当在待遇方面一样，而不应被歧视，他们的权利和义务都是等同的。或者说，股权平等原则的平等存在于股东在出资额或股份的层面上，而不存在于股东的权利方面。一切股东在资本面前人人平等，股东只能按其缴纳的出资额或所持的股份数享有权利、承担义务，股东享有的权利的大小与其向公司投入的资本额成正比。

（2）股东平等原则

股东平等原则是指当大股东滥用股权平等原则而侵害中小股东正当利益时，法律将对其滥用行为予以矫正，以实现中小股东的实质平等。股权平等原则的具体运用必然是“资本多数决规则”的行使。资本多数决规则使得股东结构开始分化，即在公司内部形成大股东与中小股东之分。而大股东为了追逐经济利益最大化，往往可能滥用资本多数决规则，从而造成对中小股东利益，包括法定权利和章程中所设定的权利的损害。股东平等原则的实质意义在于禁止持有多数资本的大股东的权利滥用。

（3）股权平等原则和股东平等原则的关系

股权平等的实质是资本平等，它的运行必然要求少数资本服从多数资本，“资本多数决”这一计量化的决议方式内生着多数资本持有者权利扩张的逻辑。股权平等原则内含的“资本多数决”，需要内含“禁止权利滥用”的股东平等原则的制约，以实现大股东与中小股东之间权利的真正平等。可见，股权平等原则与股东平等原则之间存在形式平等原则与实质平等原则的区别，后者对前者具有制衡和矫正作用，能够实现实质正义。将这两项原则综合在一起，可以起到兼顾效率和公平的作用。

3. 有限责任原则

有限责任原则也被称作股东有限责任原则，指的是股东在对公司债务承担的责任方面，受限于其缴纳的出资额和认购的股份。股东有限责任是现代公司法中的基本原则，能够将公司与其他经济组织形态区分开来。

有限责任原则与公司的独立法人性密切联系，其理论基础即为公司人格与其成员人格的相互分离，公司与其股东既属两种不同的、各自独立的民事主体，自应分别对各自的行为承担责任。基于人格分离而确立的有限责任制度，对公司组织形式和公司制度的发展至关重要，它能够最大限度地分散投资风险、刺激投资者的积极性，进而促进股份的自由转让、带动证券市场和规模经济的形成等。但有限责任原则亦有例外，即遇有股东滥用有限责任、公司人格与股东人格混同等情形时，得适用公司法人人格否认制度，使股东对公司债务承担无限责任。值得注意的是，公司法人人格否认并非对有限责任原则的否定，而恰恰是在强调和坚持其理论基础的前提下对该原则的补充和完善。

4. 公司自治原则

公司自治是私法意思自治在公司法上的体现，其基本含义是指允许公司在法定的范围内自主决定公司的一切事项，允许以章程、决议及约定排除公司法中任意性条款的适用。公司在不对社会公共利益产生损害且不违反强行性法律规范的情况下，可以自由表达意愿，投资人也要承担自己的行为与决策产生的后果，对市场的变化加以灵活应对、自主经营，并且对自身行为产生的所有后果负责。

公司法中有诸多任意性条款，只有当事人可以选择这些任意性条款，任意性条款的适用可以被公司章程或决议以另外的规定或约定排除。公司法既有强制性规范，又有任意性规范，它应当是二者有机结合、合理布局的公司法规范体系。在此体系中对其中的强制性规范一般不会忽视，也较少发生认识上的分歧。经常出现的问题是对公司法的任意性规范的忽视，因此，为突出公司法的任意性规范，有必要强调公司法上的公司自治原则。

5. 公司社会责任原则

公司是股东投资设立的以营利为目的的社团法人，实现股东利益最大化是股东设立公司的根本目的。由此而产生的传统理念便是"股东至上"或"股东本位"主义。在公司制度和组织形式的发展过程中，公司的唯一属性，也就是将营利作为目的最大限度发挥股东利润价值，这种目标不断显现出弊端。为了营利，公司违背商业道德与社会公德，甚至违反法律法规，这严重侵害了公司职工、债权人、社会公众与消费者等相关利益方的相关权益，同时，还严重影响了社会经济生活。因此，出现了公司社会责任运动，这一运动要求公司不仅考虑股东的权益，还要考虑消费者、债权人和职工等相关利益者的权益，并为公司设定了具体的责任与义务，包括税款缴纳、环境保护、产品质量和公益慈善等。

《公司法》明确规定："公司从事经营活动，必须遵守法律、行政法规，遵守社会公德、商业道德，诚实守信，接受政府和社会公众的监督，承担社会责任。"该条即为这一原则的法律表述。除此之外，该原则在公司法的具体制度中亦有多处体现，如公司法人人格否认制度，职工董事、监事的设置等。

（三）公司法的历史发展

1. 西方国家公司立法的历史发展

西方国家公司立法的历史已经有 300 多年。公司制度在公司立法的推动下得以不断完善与发展，反之，公司立法也在公司制度的发展过程中得以不断完善。大体而言，西方国家的法系可以分为普通法系（英美法系）和大陆法系两大类别，不同的法律传统和历史发展使得各国公司法具有自身的鲜明特点。同时，现代市场经济体制的普遍确立和经济全球化背景下法律文化的交流与融合，又使得各国公司法之间不可避免地具有相互影响、借鉴的价值和作用。

（1）英国公司立法发展

英美法系国家和地区也受到了英国公司立法的巨大影响。英国是资本主义经济最早发展的国家，也是最早创立股份公司的国家之一，但英国的公司法在资产阶级革命胜利之前是缺失的。当时是采取两种特许法的形式设立公司：一是国王颁布的王室特许状，二是国会颁行的特别法案。上述特许法形式设立公司成本过高，加上1720年“泡沫法案”的过分限制，使得英国公司发展过于缓慢。为适应并促进公司发展，1825年英国废止“泡沫法案”；1834年颁布贸易公司法，允许国王以特许证书形式授予组建公司的权力；1844年颁布合股公司法，允许私人以注册方式成立公司；1856年颁布了有限责任公司法，正式承认有限责任公司的法律地位。

英国公司法中没有关于无限公司、两合公司以及股份两合公司的规定，类似的组织形式分别由1890年的合伙法和1907年的有限合伙法予以调整。1862年英国颁布公司法，1908年制定新的公司法。19世纪末英国商务部成立专家委员会，每隔20年左右对公司法进行定期审查，提出修改意见，并延续至今。英国的公司法于1929年、1948年、1967年、1976年、1980年、1981年、1985年、1989年历经多次修改并日渐完善，以适应公司发展的最新需要，其最近一次修正是在2006年，其核心理念体现为股东权利的回归。

英国虽为非成文法国家，但其公司法却以成文法的形式出现，其特点主要包括：①就调整对象而言，仅适用于有限责任公司；②调整范围广泛，包括证券法以及公司破产、清算、重整等内容。公司破产之所以规定在公司法而不是在破产法中，是因为英国的破产法只适用于个人而不适用于公司的破产，这也与其他许多国家不同。

（2）美国公司立法发展

美国公司立法虽然也属于英美法系，但又具有其自身的特殊性。在美国，公司立法权由各州议会享有，联邦政府仅有权制定有关公司破产的破产法和证券交易法。1807年，纽约州颁布了美国第一个有关公司的法律，允许私人组织公司，其影响甚大，为其他各州后续公司立法所效仿。这一时期的公司方面法律规范，不仅来源于立法机构，更多来源于法院的判例。由于美国独特的立法体制，使得各州在股东权利、投资限制、优惠和豁免、设立程序以及税负等方面均有所差别，各州亦在公司制度方面展开竞争，制定各种优惠措施吸引投资，其中尤以1899年特拉华州的公司法最为著名。自20世纪始，为规范公司活动、统一各州立法，美国于1909年制定了全国统一的股票转让法。1928年制定了统一商事公司法，1950年制定了标准商事公司法，对各州公司立法产生了积极的影响。但上述立法仅为供各州参考的示范法，并不具有直接的法律效力。

（3）法国公司立法发展

1673年法国国王路易十四颁布的商事条例，是世界上最早的公司立法，该条例首次在商人部分专门规定了公司的有关问题，以法律形式确立了普通公司和康孟达公司的分类，并规定公司设立采取核准主义原则。1807年，法国颁布商法典。该法典第一编“商行为”中第三章即为关于公司的规定，首次对股份有限公司做出了较为完备、系统的规定。但该法典内容相对简单，难以适应公司发展的需要。1866年法国颁布了公司法，承认了股份两合公司的组织形式，将公司设立原则修改为准则主义，并对公司设立条件予以严格规定。

1925 年，法国颁布施行了有限责任公司法，正式承认有限责任公司，后为大陆法系其他国家和地区所效仿。1966 年，法国制定了一部全面调整各种公司形式的商事公司法，后陆续对其个别条文予以修订和增补。1985 年法国议会通过的 85-697 号文件，正式承认一人有限责任公司的法律地位。1992 年修订了商法典，将 1966 年的商事公司法整体纳入该法典之中。

法国属民商分立国家，其公司法大多体现在商法范畴，但在 1978 年的民法典修订中将公司法有关内容纳入第九编，从而使得法国公司立法具有了民商合一的倾向。法国公司法的特点在于其规定严格，多为刚性规范，对公司股东行为和出资转让等具有较多限制。法国的公司法在 21 世纪初经历了较大的变革，如 2001 年制定了新经济规制法、2002 年制定了社会法现代化法、2003 年制定了金融安全法、经济创新法等均触及对公司法的重大调整，其中包括重新界定公司领导机关职权、取消最低出资限额、允许资本自由转让等，体现出扩大公司自治权的理念。

（4）德国公司立法发展

德国公司立法起步较晚，最早见于 1861 年的商法典，该法于第二章就公司相关问题予以规定。1896 年德国的民法典颁布，并确立法人制度，为公司法发展奠定了基础。1897 年，德国颁布新的商法典，该法典第二编直接以“商事公司及隐名合伙”命名，对无限公司、两合公司、股份公司、股份两合公司的组织和活动予以规定。1892 年，德国颁布单行的有限责任公司法，正式承认有限责任公司的法律地位。这是世界上第一个有限责任公司法，后于 1980 年予以修订，允许设立一人有限责任公司。1931 年德国颁布单行法规对商法典中有关股份公司和股份两合公司的规定予以修正，并于 1937 年颁布了股份有限公司和股份两合公司法（以下简称股份法）专门调整股份公司和股份两合公司，商法典中有关该两类公司的规定即告废止。1945 年后，联邦德国政府对股份法予以修改，于 1965 年通过修订后的股份法，增加了康采恩等新型联合企业的详细规定。1994 年，再次修订股份法，允许设立一人股份公司。

德国公司法从其产生之初即受启蒙时代的个人主义精神影响，其显著特点为：①予以公司主体较大的自由弹性，任意性规范较多；②在公司内部管理体制上颇具特色，如创设“职工参与制”、赋予监事会决策职能等；③对康采恩等联合企业予以全面规制，同时专门制定了公司转换法，规定公司组织形式转化的条件和程序。

（5）日本公司立法发展

日本公司立法始于 1868 年的明治维新以后。日本早期并无统一、综合性的公司立法，其公司法多表现为规定特种公司的单行法规，如《国立银行条例》《私营铁路条例》。日本第一部综合性公司立法是 1890 年以法国的商法典为蓝本制定的商法典，该法典第一编第六章是有关公司综合性的规定。1899 年日本又以德国的商法典为蓝本制定新的商法典，该法典第二编直接以“公司”命名，对除有限责任公司以外的所有其他公司形式予以全面规制，形成了日本公司法的基本框架。1938 年日本颁布了有限责任公司法，正式承认了有限责任公司的法律地位。1945 年后，受英美公司法发展的影响，日本对商法典中有关股份公司的规定进行了重大调整。1990 年对商法典和有限责任公司法予以修正，承认一人公司的法律地位。

进入 21 世纪，日本公司立法修改尤为频繁，如 2000 年增设公司分立制度，2001 年引入独立董事制度和执行经理制度，2002 年简化中小型公司股东大会程序、改革股东表决方式、放宽新股发行限制等。尤其值得一提的是，2005 年日本颁布的公司法法典，取代了商法典中原有公司方面的规定，废止有限责任公司形式、取消最低注册资本制度、创设新的“合同公司”形态、设立新的公司机构——会计顾问等，对相关公司方面立法予以整合、完善，统一规制。

日本公司立法的最大特点是其本身没有自己的独立体系，体现为对两大法系公司立法的借鉴和融合。就具体制度而言，日本公司法法典，凸显了放松管制、强化公司自治、促进经济发展的理念。

2. 改革开放以来我国公司立法的演进

1978 年后，中国进入改革开放时期，公司发展较快，立法上亦表现出活跃性。1980 年国务院发布《关于推动经济联合的暂行规定》，提出走联合之路，将现有企业改组、合并为各种联合公司；1986 年国务院发布《关于进一步推动横向经济联合若干问题的规定》，推动建立领域广泛、形式多样的经济联合；1986 年颁布的《中华人民共和国民法通则》在“法人”一章中专门规定了联营。

上述法律、法规共同构成联合性公司发展的法律基础。这一阶段亦着重对公司的整顿，国务院颁布了《关于进一步清理和整顿公司的通知》，批准通过了《公司登记管理暂行规定》《工商企业名称登记管理暂行规定》，对公司制度的完善和发展具有积极作用。同时，受对外开放政策的指引，国家亦相继于 1979 年颁布了《中华人民共和国中外合资经营企业法》、1988 年颁布了《中华人民共和国中外合作经营企业法》、1986 年颁布了《中华人民共和国外资企业法》，以吸引外国投资。以外商投资公司为先导，股份制公司组织也逐渐复兴，为适应公司形式的发展，在立法方面出现了地方性法规，如 1992 年的《深圳市股份有限公司暂行规定》《上海市股份有限公司暂行规定》；同时也出现了全国统一的公司立法，如 1992 年的《股份有限公司规范意见》《有限责任公司规范意见》，对股份有限公司和有限责任公司的设立、组织机构、财务会计、合并与分立、终止与清算等事项予以系统规定。上述规范性文件，为《公司法》的颁布和顺利实施奠定了基础。

1993 年 12 月 29 日，第八届全国人民代表大会常务委员会第五次会议通过《公司法》，并于 1994 年 7 月 1 日起施行，该部《公司法》的颁布标志着我国公司法的发展进入了一个新的规范阶段。随着改革开放的深入和市场经济的发展，为适应公司制度的发展，我国于 1999 年、2004 年和 2005 年对《公司法》进行了两次修正和一次修订。修订后的《公司法》降低了最低注册资本限额，授予股东诉权、请求司法解散权，设立累积投票制，健全董事制度，专节规定一人有限公司、国有独资公司，承认公司法人人格否认制度等，这些制度凸显了鼓励投资、保护股东权益和债权人利益等基本原则，使得我国公司法无论是在立法技术还是制度设置上均具有灵活性和前瞻性，为我国公司制度的发展和完善提供了法律支持。为配合 2005 年《公司法》的贯彻和实施，国务院于 2005 年 12 月 18 日修订、颁布了《中华人民共和国公司登记管理条例》。

随着经济形势的发展，我国于 2013 年对《公司法》进行了第三次修正。为适应修改后的《公司法》，2014 年 2 月 20 日最高人民法院修改并重新公布了上述三个公司法司法解释，2017 年 8 月 25 日最高人民法院发布《关于适用〈中华人民共和国公司法〉若干问题的规定（四）》。最高人民法院的这四个公司法司法解释，对公司纠纷案件的审判实践具有重要的指导意义。

我国于 2018 年对《公司法》进行了第四次修正。将原《公司法》第一百四十二条公司不得收购本公司股份的除外情形增加了两项：①将股份用于转换上市公司发行的可转换为股票的公司债券；②上市公司为维护公司价值及股东权益所必需。

第二节　公司经营管理

一、公司的登记、营业执照、名称、组织形式变更及住所

（一）公司的登记

《中华人民共和国公司法》第六条规定："设立公司，应当依法向公司登记机关申请设立登记。符合本法规定的设立条件的，由公司登记机关分别登记为有限责任公司或者股份有限公司；不符合本法规定的设立条件的，不得登记为有限责任公司或者股份有限公司。法律、行政法规规定设立公司必须报经批准的，应当在公司登记前依法办理批准手续。公众可以向公司登记机关申请查询公司登记事项，公司登记机关应当提供查询服务。"

该法条是关于公司登记方面的规定。从该条规定来看，我国公司法人设立的原则以准则设立主义为主，以许可设立主义为辅。第一款体现的是准则设立主义，许可设立主义是第二款体现的内容。准则设立主义指的是法人成立的条件预先被法律所规定。设立人可以在此条件下设立，一旦与法人成立的条件相符合，那么，即使没有相关部门批准，法人也可以在登记机关办理登记之后成立。但是，在实际操作中，单纯的准则主义与自由设立主

义同样会导致滥设法人的弊端，因此，我国对法人的设立条件规定得较为严格，除规定了设立要件外，还在法律中规定了严格的限制性条款，并强化了设立人的责任和法院及行政机关对法人的监督。这种原则被称为“严格准则主义”。许可设立主义，又称“核准设立主义”，指法人设立时除了应符合法律规定的条件外，还要经过主管行政机关的批准。主管机关依照规定进行审查，做出批准或不批准的决定。也有学者认为，许可设立主义是严格准则主义的表现，应当承认二者具有相同点：都对公司的设立进行了限制。但是，是否经行政主管机关批准是二者的最大区别。因此，将二者混为一谈是有些牵强的。目前我国募集设立的股份有限公司的设立应纳入核准设立主义。

根据《公司法》的规定，公司设立的一般条件是：股东符合法定人数；有公司章程、注册资本和公司住所；有适应于自身生产经营活动的组织结构和公司名称。必须依照相应的法律规定设立股份有限公司、发行股份与筹办事项。股东或公司成立发起人在设立公司之前，必须到公司登记机关办理登记手续。公司登记机关会对提出申请的公司进行审查，评估其是否与公司法规定的成立条件相符合，只对符合相关规定的公司予以登记。

公众有权利通过公司登记机关查询相应的公司登记事项，同时，公司登记机关也要向公众提供此类服务。登记事项在《中华人民共和国公司登记管理条例》和《公司法》的规定下被设定了具体内容，包括公司的住所、名称、实收资本、注册资本、法定代表人、经营范围、营业期限等。各级公司登记机关应当为公众提供条件，使他们方便查询上述信息。

《公司法》第六条概括性地说明了公司登记的途径，详细程序、材料、分公司的设立等还应参照《中华人民共和国公司登记管理条例》第六条至第八条、第十七条至第二十四条、第四十六条至第五十七条的规定，在此不再赘述。

（二）公司营业执照、名称、组织形式变更及住所

《公司法》第七条规定：“依法设立的公司，由公司登记机关发给公司营业执照。公司营业执照签发日期为公司成立日期。公司营业执照应当载明公司的名称、住所、注册资本、经营范围、法定代表人姓名等事项。公司营业执照记载的事项发生变更的，公司应当依法办理变更登记，由公司登记机关换发营业执照。”

该法条所述的是与公司成立日期和营业执照中所应记载事项的相关规定。公司成立的法律文件就是公司登记机关签发的营业执照，公司在营业执照签发的日期成立。实践中，该条经常被运用，是公司作为诉讼主体和承担民事责任的法律依据。相关具体规定请参照《中华人民共和国公司登记管理条例》第二十五条、第六十三条。

二、公司章程及公司的经营范围

（一）公司章程

《公司法》第十一条规定：“设立公司必须依法制定公司章程。公司章程对公司、股

东、董事、监事、高级管理人员具有约束力。”

该法条是关于公司章程及其约束力的规定。公司章程是公司的“小宪章”，是公司的行为准则，对公司具有约束力。章程是公司设立的法定必备文件之一。根据《公司法》的规定，章程应当包括如下绝对必要记载事项：公司的名称、住所；经营范围；注册资本、股份总数及每股金额；股东的姓名或者名称、认股数；股东的出资方式、出资额和出资时间；公司的机构及其产生办法、职权、议事规则；公司法定代表人。公司章程的修改程序必须遵守公司法的有关规定。

公司章程对公司的成立及运营具有十分重要的意义，公司章程是公司设立的最基本条件和最重要的法律文件，是公司实行内部管理和对外进行经济交往的基本法律依据。在实践中，投资人在受让或收购他人的股权之前，应当认真了解该公司已有的公司章程，以便了解其中对股权转让是否有着特别限制的规定。股东人数增加或减少后一定要及时召开股东会议修改公司章程，公司章程是股东是否具备股东资格的重要依据之一。

（二）公司的经营范围

《公司法》第三十四条规定：“股东按照实缴的出资比例分取红利；公司新增资本时，股东有权优先按照实缴的出资比例认缴出资。但是，全体股东约定不按照出资比例分取红利或者不按照出资比例优先认缴出资的除外。”

《公司法》第十一条规定：“设立公司必须依法制定公司章程。公司章程对公司、股东、董事、监事、高级管理人员具有约束力。”

《公司法》第十二条规定：“公司的经营范围由公司章程规定，并依法登记。公司可以修改公司章程，改变经营范围，但是应当办理变更登记。”

公司的经营范围中属于法律、行政法规规定须经批准的项目，应当依法经过批准。

三、公司法定代表人及分支机构

（一）公司法定代表人

《公司法》第十三条规定：“公司法定代表人依照公司章程的规定，由董事长、执行董事或者经理担任，并依法登记。公司法定代表人变更，应当办理变更登记。”

法定代表人与公司法人在内部关系上也往往是劳动合同关系，故法定代表人属于雇员范畴。但对外关系上，法定代表人对外以法人名义进行民事活动时，其与法人之间并非代理关系，而是代表关系，且其代表职权来自法律的明确授权，故不另需法人的授权委托书。是故，法定代表人对外的职务行为即为法人行为，其后果由法人承担。并且，法人不得以对法定代表人的内部职权限制对抗善意第三人。

（二）公司分支机构

《公司法》第十四条规定：“公司可以设立分公司。设立分公司，应当向公司登记机关申请登记，领取营业执照。分公司不具有法人资格，其民事责任由总公司承担。公司可以设立子公司。子公司具有法人资格，依法独立承担民事责任。”

该法条主要涉及有限责任公司的子公司和分公司的规定。分公司必须以总公司的名义对外从事经营活动，它没有独立的公司章程和名称，必须对总公司的章程加以遵守。分公司无法自主进行经营行为和人事任免，在进行业务活动时，要以总公司的授权和委托为基础。可以看出，对于总公司来说，分公司是一个组成部分，不管是在法律还是经济层面，分公司都不具备独立性。分公司无法独立享有权利并承担责任，不具有法人资格，总公司需要对其行为产生的所有责任和后果进行承担。

子公司是独立于向它投资的母公司而存在的主体。子公司一定比例以上的股份被母公司持有或通过协议方式受到母公司实际控制。虽然母公司在经济上支配并控制子公司，但子公司在法律层面具有独立的法人资格，可以拥有独立的公司章程与名称、组织机构和财产，能够进行独立的核算，以独立的身份进行各类民事活动，自负盈亏，独立承担所有责任和后果。

分公司的登记参照《中华人民共和国公司登记管理条例》第四十五条至第四十九条。

四、公司对外投资、对外担保

《公司法》第十五条规定：“公司可以向其他企业投资；但是，除法律另有规定外，不得成为对所投资企业的债务承担连带责任的出资人。”

该法条是关于公司对外投资责任限制的规定。公司对外投资只能承担有限责任；除法律另有规定外，不得成为对所投资企业的债务承担无限连带责任的出资人。

设立此规定的目的有两点：一是保护公司利益，对投资企业的债务承担连带责任意味着公司承担了巨大投资风险，如果所投资企业因经营不善造成巨额亏损，有可能导致公司因承担无限连带责任导致公司破产；二是维护市场交易秩序，一般公司投资者如果承担无限连带责任，那么其预期收益必然会大于承担有限责任的情形，但是，因为目前我国很多公司资产不透明、信用较差，根本没有能力承担连带责任，总有投机者为了较大的预期收益铤而走险，一旦投资失败，买单的是本公司的债权人和所投资企业的债权人。因此，设计此规定也能够防止某些信用较差的公司的投机行为，维护市场交易秩序。

《公司法》第十六条规定：“公司向其他企业投资或者为他人提供担保，依照公司章程的规定，由董事会或者股东会、股东大会决议；公司章程对投资或者担保的总额及单项投资或者担保的数额有限额规定的，不得超过规定的限额。公司为公司股东或者实际控制人提供担保的，必须经股东会或者股东大会决议。前款规定的股东或者受前款规定的实际控制人支配的股东，不得参加前款规定事项的表决。该项表决由出席会议的其他股东所持表决权的过半数通过。”

该法条主要涉及公司担保的提供和对外投资的相关规定，第一款和第二款、第三款分别为公司对外投资、为他人提供担保和为公司股东或者实际控制人提供担保两种情况。第一种，公司提供担保给他人并且对外投资的行为是其重大民事活动和经营行为，风险极大。如果不进行恰当的决策，那么公司和公司的债权人与股东可能会遭受损失。这种情形，可以由公司章程做出规定，依照公司章程由董事会或者股东会议决议，并且不得超过公司章程规定的数额。第二种，公司为公司股东或者实际控制人提供担保，这属于关联关系的一种。为保障公司的利益和其他股东的合法权益，应排除当事股东或控制人的表决权，以避免其通过公司来牟取私利。所谓实际控制人，指虽不一定是公司的股东，但通过投资关系、协议或者其他安排，能够实际支配公司行为的人。实际控制人并不一定是股东，其可通过在公司扶持代理人的方式控制公司。基于这种身份的不确定性，为实际控制人提供担保实际上比为股东提供担保风险更大。

五、公司职工权益、工会、基层党建

《公司法》第十七条规定："公司必须保护职工的合法权益，依法与职工签订劳动合同，参加社会保险，加强劳动保护，实现安全生产。公司应当采用多种形式，加强公司职工的职业教育和岗位培训，提高职工素质。"

该法条主要涉及公司职工权益保护的规定。公司职工是劳动者，直接从事公司的生产经营，因此，公司必须在这一过程中对职工的合法权益加以保护。公司与职工要按照法律对劳动合同进行签订，在法律的指导下保护职工的劳动，为其办理社会保险，保障他们生产过程中的安全。若公司侵害了职工的合法权益，则要承担法律责任。

《公司法》第十八条规定："公司职工依照《中华人民共和国工会法》组织工会，开展工会活动，维护职工合法权益。公司应当为本公司工会提供必要的活动条件。公司工会代表职工就职工的劳动报酬、工作时间、福利、保险和劳动安全卫生等事项依法与公司签订集体合同。公司依照宪法和有关法律的规定，通过职工代表大会或者其他形式，实行民主管理。公司研究决定改制以及经营方面的重大问题、制定重要的规章制度时，应当听取公司工会的意见，并通过职工代表大会或者其他形式听取职工的意见和建议。"

该法条主要涉及公司职工依法参与民主管理、组织工会的规定。在工会法的规定下，所有中国境内的事业单位、企业、机关中，生活主要来源为工资收入的脑力与体力劳动者都有依法参与和组织工会的权利，这些人群不分性别、民族、职业、种族、教育程度和宗教信仰。因此，法律保护公司职工依法组织工会。

《公司法》第十九条规定："在公司中，根据中国共产党章程的规定，设立中国共产党的组织，开展党的活动。公司应当为党组织的活动提供必要条件。"

该法条是关于公司中中国共产党基层组织活动的规定。

第三节 公司股东权利与义务

一、公司股东权利、义务

（一）公司股东正当行使权利的一般原则及股东滥用权利的民事责任

《公司法》第二十条规定："公司股东应当遵守法律、行政法规和公司章程，依法行使股东权利，不得滥用股东权利损害公司或者其他股东的利益；不得滥用公司法人独立地位和股东有限责任损害公司债权人的利益。公司股东滥用股东权利给公司或者其他股东造成损失的，应当依法承担赔偿责任。公司股东滥用公司法人独立地位和股东有限责任，逃避债务，严重损害公司债权人利益的，应当对公司债务承担连带责任。"

该法条规定了公司股东的权利。公司股东行使权利时必须做到有法可依，这也是对股东的基本要求。从我国的实际情况来看，这一规定避免了股东滥用权利。该法条第一款做了概括性的描述，保护公司、其他股东和债权人的合法权益。第二款规定了股东滥用股东权利给公司或者其他股东造成损失的救济方法。目前，《公司法》第一百五十一条规定了股东可以为了公司的利益以自己名义针对董事、高管提起诉讼，第一百五十二条规定了股东可以为了自身利益以自己的名义针对董事、高管提起诉讼，但未直接规定公司对股东提起诉讼和股东对股东提起诉讼。《公司法》第二十条第二款可以作为公司诉股东、股东诉股东的法律依据，第二款中股东承担的赔偿责任应是一种侵权责任，针对股东滥用股东权利损害公司或其他股东利益的情况可以援引此条款提起诉讼。此条款具有一定的可操作性，美中不足的是，此条款被写在总则部分，这与《公司法》中对股东的权利与义务未单独设立一章有关，这也是《公司法》需要改进之处。第三款规定了公司股东滥用法人独立地位损害公司债权人利益的救济方法。公司具有独立的人格，以自身财产对公司债务承担责任，股东仅以出资额为限承担有限责任，这鼓励了人们投资、创办公司的积极性，丰富了市场经济主体。但也引发了一些问题，存在一些股东抽逃出资、股东与公司财产混同、经营行为混同、利用公司独立人格逃避债务等情形，损害了公司债权人的合法权益。因此，此条款设立了公司人格否认制度。公司人格否认制度（Disregard of corporate personality），又称"刺破公司的面纱（Piercing the corporation′s veil）"或"揭开公司面纱（Lifting the veil of the corporation）"，指为阻止公司独立法人人格的滥用和保护公司债权人利益及社会公共利益，就具体法律关系中的特定事实，对公司和股东的独立人格和有限责任予以否认，要求公司股东必须直接负责公司的债权和公共利益，从法律上确保各方都具有公平、正义的权利。公司人格否认制度并不是否定了公司的独立法人地位，而是对公司法人制度的补充与完善，公司人格否认制度通过要求滥用公司法人独立地位的股东对公司债务承担连带责任实现了对公司债权人的救济，维护了交易安全。

涉及公司人格否认制度的法条有《公司法》第二十条、第六十三条，2020 年最高人民法院《关于审理与企业改制相关的民事纠纷案件若干问题的规定》第三十四条，2020 年最高人民法院《关于适用〈中华人民共和国公司法〉若干问题的规定（二）》第十八条至第二十条。需要注意的是，2008 年最高人民法院《关于适用〈中华人民共和国公司法〉若干问题的规定（二）》的相关规定将法人人格否认的连带赔偿责任主体扩展至公司股东、控股股东、公司实际控制人、公司董事。除此之外，理论界对监事、高管、其他责任人承担连带责任的呼声也很高。

（二）对公司关联交易的规定

《公司法》第二十一条规定："公司的控股股东、实际控制人、董事、监事、高级管理人员不得利用其关联关系损害公司利益。违反前款规定，给公司造成损失的，应当承担赔偿责任。"

该法条规定了公司关联交易的有关事项。所谓公司的关联交易是指公司和有合同关系或者是投资关系的主体之间所产生的交易事项。关联交易能够促进公司业务的发展和稳定，并将经营风险进行了一定的分散。不过从事实上来看，出现了很多控制公司通过关联交易来达到控制从属公司的目的，从而导致了从属公司和一些股东的权益受到损害。

该法条明确指出，以下五种和公司有关联关系的人不能做出对公司利益有所损害的行为：一是公司控股股东，即在公司占股超过 50% 或者是占股比例不到 50%，但是可以影响股东大会决议和表决权的股东；二是实际控制人，即不属于公司股东，却利用协议和投资关系等方式能够对公司予以支配的一类人；三是董事，他是由股东大会选举的；四是监事，他也是由股东大会选举推荐而形成的；五是高级管理人员，包括公司经理、副经理及财务负责人等人员，还包括上市公司的董事会秘书等。

公司法对关联交易中的金额是没有明文规定的，一般是依据关联交易行为涉及的款项进行认定。

一、法条原文《公司法》第二十一条公司的控股股东、实际控制人、董事、监事、高级管理人员不得利用其关联关系损害公司利益。违反前款规定，给公司造成损失的，应当承担赔偿责任。

二、法条解读本条是对公司关联交易的规定。公司的关联交易一般是指具有投资关系或合同关系的不同主体之间所进行的交易，又称为关联方交易。公司关联交易是一种经济行为。正常的关联交易，可以稳定公司业务，分散经营风险，有利于公司的发展；但实务中常有控制公司利用与从属公司的关联关系和控制地位，迫使从属公司与自己或其他关联方从事不利益的交易，损害从属公司和少数股东利益的现象。为此，各国公司法中对关联交易都有或繁或简的相关规定，调整关联关系，保护从属公司及少数股东的利益。在大陆法系国家，一般在人事控制、会计原则、公司财务控制等方面有较为详细的规定，法院也可以根据法律原则规定做出裁决；在英美法系国家，由于法官的自由裁量权较大和其造法功能，通常可以由法官根据案件的具体情况做出裁判，所以后者对关联交易的控制多表现在判例法中。我国的公司关联交易现象是随着经济的发展、公司规模逐渐扩大、公司内部结构逐渐复杂而逐步增多的；特别是在较大的公司和上市公司中，这一现象更是较多。一些公司的大股东、实际控制人和管理层通过与公司的关联交易，随意挪用公司资金，为自己或关联方提供担保，通过操纵交易条件等将公司的利润转移至关联方，严重地损害公司、少数股东和债权人的利益。为此，中国证监会、财政部门、税务部门从财政、税收、上市公司监管等方面对公司关联交易控制做了一些规定，但原公司法中没有相关内容。这次修改公司法，有很多意见要求增加相关规定。考虑到关联交易的情况较为复杂，还需要在实践中进一步总结经验，因此，本法只做了一条原则性规定，主要是明确了公司的关联方利用关联关系损害公司利益的法律后果。根据本条第一款的规定，与公司有关联关系的五种人不得利用其与公司的关联关系损害公司利益，包括：

（1）公司控股股东，是指其出资额占有限责任公司资本总额 50% 以上或者其持有的股份占股份有限公司股本总额 50% 以上的股东；出资额或者持有股份的比例虽然不足 50%，但依其出资额或者持有的股份所享有的表决权已足以对股东会、股东大会的决议产生重大影响的股东。

（2）实际控制人，是指虽然不是公司的股东，但通过投资关系、协议或者其他安排，能够实际支配公司行为的人。

（3）董事，是指公司股东会或者股东大会选举出来的董事会成员。

（4）监事，是指公司股东会或者股东大会选举出来的监事会成员。

（5）高级管理人员，是指公司的经理、副经理、财务负责人，上市公司董事会秘书和公司章程规定的其他人员。所谓关联关系，是指公司控股股东、实际控制人、董事、监事、高级管理人员与其直接或者间接控制的企业之间的关系，以及可能导致公司利益转移的其他关系；但是，国家控股的企业之间不仅仅因为同受国家控股而具有关联关系。本条第二款原则规定了对公司关联交易的处理。违反本条第一款规定，致使公司遭受损害的，应当就其损害承担赔偿责任。

二、公司股东会决议

《公司法》第二十二条规定：“公司股东会或者股东大会、董事会的决议内容违反法律、行政法规的无效。股东会或者股东大会、董事会的会议召集程序、表决方式违反法律、行政法规或者公司章程，或者决议内容违反公司章程的，股东可以自决议作出之日起六十日内请求人民法院撤销。股东依照前款规定提起诉讼的，人民法院可以应公司的请求，要求股东提供相应担保。公司根据股东会或者股东大会、董事会决议已办理变更登记的，人民法院宣告该决议无效或者撤销该决议后，公司应当向公司登记机关申请撤销变更登记。”

该法条是关于公司机关的决议无效和撤销情形的规定。决议内容违反法律、行政法规的规定，股东可据此向法院提起诉讼请求确认决议无效。最高人民法院《关于适用〈中华人民共和国公司法〉若干问题的规定（四）》（征求意见稿）第六条对决议无效的情况以列举加概括的方式做出了具体规定：其一，股东滥用股东权利通过决议损害公司或者其他股东的利益；其二，决议过度分配利润、进行重大不当关联交易等导致公司债权人的利益受到损害；其三，决议内容违反法律、行政法规强制性规定的其他情形。除此之外，公司基于此决议签署的商业合同的效力问题值得探讨，虽然并没有法律对商业合同的效力做出明文规定，但法院在司法实践中并不必然否定相关合同的效力。在合同内容本身合法且第三人为善意的前提下，主要理由有三点：其一，公司内部决议程序，不得约束第三人；其二，该条款并非针对相关合同行为的效力性强制性规定，而是针对公司内部决议的效力性强制性规定；其三，依据该条款认定合同无效，不利于维护合同的稳定和交易的安全。因此，涉及相关合同的效力问题，还得看合同内容本身和第三人是否善意。

关于决议可撤销分为决议程序瑕疵和决议内容瑕疵两方面。决议的撤销导致相关合同的效力问题与决议无效的情形一致，该条款的焦点问题是决议程序瑕疵问题。最高人民法院《关于适用〈中华人民共和国公司法〉若干问题的规定（四）》（征求意见稿）第七条对该条款所称的“召集程序”和“表决方式”做出了具体规定，包括股东会或者股东大会、董事会会议的通知、股权登记、提案和议程的确定、主持、投票、计票、表决结果的宣布、决议的形成、会议记录及签署等事项。这引发了一些学者和实务工作者的批评，认为该条对程序的规定过于详细，排除了引入裁量驳回制度的可能性。所谓裁量驳回制度，即对决议提出撤销请求，经法院认定后得出虽然未按法令和章程要求进行，但在没有产生重大影响的情况下，法院会作出驳回请求的回复。换言之，程序瑕疵并不必然成为决议可撤销的理由，具体还要通过法官行使自由裁量权判断瑕疵的程度。这一制度起源于日本，体现的是对公司效率的追求，我国并未引入，但在我国的司法实践中早已有所体现，因此，这一制度的适用和规定程序的详细程度并不冲突。并且，为了防止股东滥诉，该条款设置了 60 天的除诉期间，并且要求股东提起诉讼时应当具有公司的股权，即具有公司的股东适格性。

第三章　公司设立

第一节　公司设立概述

一、公司设立的概念

（一）公司设立的定义

公司设立是一系列法律行为的总称，是指设立人依照公司法的规定在公司成立之前为组建公司进行的、目的在于取得法律主体资格的活动。

公司属于一种法人机构，所以它的设立应该按照设定程序来进行。事实上，设立公司也具有法律效应，在规模巨大的股份有限公司设立的情况下，公司设立表现得尤其复杂。公司是营利的企业法人，因此任何公司的设立均由两项最基本的内容组成。一是要组织公司团体。具体而言就是要确定公司的股东，制定公司的基本纲领——公司章程，并通过股东的出资形成公司的财产。二是公司法人资格的取得。在公司团体组织完毕之后，公司设立人还必须通过公司设立登记来获得公司的法律主体资格。

（二）公司设立的特征

公司设立会因各国法律规定和公司种类不同而呈现出不同的表现方式。但是，一般而言，公司设立有以下特征。

1. 公司设立的主体是公司发起人

公司发起人是负责公司筹建的人，可能是一个人，也可能有数人。在公司设立过程中，公司发起人对内执行公司设立业务，对外代表设立中的公司，对公司能否成立起着关键作用。

2. 公司设立以公司主体资格的取得为最终目的

与自然人不同，公司只有经过法律的认可，才能够取得独立的人格，才会具有权利能力和行为能力。因此，公司设立的过程就是使公司符合法律规定的条件，并在此基础上通过公司设立登记取得公司法律人格的过程。

3. 公司设立应严格履行法定的条件和程序

公司要获得法律的认可，就必须符合法律的要求。为此，各国或地区的公司法均对公司设立规定了严格的条件和程序。如果公司设立违反了法律所规定的条件和程序，那么公司就不能获准登记，从而就不能成立。

4. 公司设立既包括实体问题，也包括程序问题

公司设立包括大量的实体法律行为，如签订发起人协议、订立公司章程、缴纳出资等；同时公司设立也包括程序性行为，如在法律、行政法规有特别规定时而申请行政审批的行为，又如申请公司设立登记的行为。

（三）公司设立与公司成立

要准确理解公司设立的概念，还必须区分公司设立与公司成立。公司成立是指已经具备了法律规定的实质要件，完成了设立程序、由主管机关发给营业执照而取得公司法人主体资格的一种法律事实，表现为一种法律上的状态。《公司法》第七条第一款规定："依法设立的公司，由公司登记机关发给公司营业执照。公司营业执照签发日期为公司成立日期。"公司设立与公司成立存在着以下区别。

1. 二者发生的时间不同

根据《公司法》第七条的规定，公司成立发生于公司被依法核准登记、签发营业执照之时。而公司设立只能发生在这个日期之前。由此可见，公司营业执照的签发是公司设立与公司成立在时间上的分水岭。

2. 二者行为性质不同

公司设立行为以发起人的意思表示为要素，主要是法律行为，受平等、自愿、诚实信用等民商法基本原则的指导。而公司成立则以主管机关颁发营业执照为要素，发生在发起人与主管的行政机关之间，是一种行政许可行为。

3. 二者的法律效力不同

公司在核准登记之前，被称为设立中的公司。设立中的公司尚未取得法律人格，因此不享有权利能力与行为能力。

设立中的公司对权利义务的承受有以下两种情况。

第一种，当公司经获准登记而合法成立时，设立中的公司的权利义务由成立后的公司承受。

第二种，若公司未经获准登记而成立，设立中的公司的权利义务则由各发起人按照合伙的原则来处理。当公司经核准登记而成立后，公司即取得了独立的法律人格，其成立后所实施的行为的后果原则上由公司独立承担。

二、公司设立的原则

1. 我国公司设立原则

公司设立的原则一般认为有四种：自由设立、特许设立、核准主义、准则主义（世界

普遍采用严格的准则主义）。我国《公司法》第六条采用的是准则主义和核准主义相结合的原则。

所谓严格准则设立主义是指法律规定了的设立公司所应具备的条件，同时规定公司设立必须经过国家主管机关登记才得成立及取得法律主体资格。

所谓核准设立主义是指公司设立除了必须具备法律所规定的条件外，还必须经过行政主管机关核准，否则不得设立。

2. 新版公司法在哪些方面做出了修订

（1）公司设立“门槛”降低

新公司法大幅度地降低了公司设立的最低注册资本数额，放宽了股东出资方式的限制，允许出资的分期缴纳。有限责任公司注册资本的最低限额为人民币三万元，并可以按照规定的比例分两年缴足，其中投资公司可以在五年内缴足。

（2）取消对公司转投资的限制

公司可以向其他企业投资；但是，除法律另有规定外，不得成为对所投资企业的债务承担连带责任的出资人。新公司法同时规定：公司向其他企业投资或者为他人提供担保，依照公司章程的规定，由董事会或者股东会、股东大会决议；公司章程对投资或者担保的总额及单项投资或者担保的数额有限额规定的，不得超过规定的限额。

（3）完善股东了解公司有关事务的措施和办法

股东可以要求查阅公司会计账簿。股东要求查阅公司会计账簿的，应当向公司提出书面请求，说明目的。公司有合理根据认为股东查阅会计账簿有不正当目的，可能损害公司合法利益的，可以拒绝提供查阅，并应当自股东提出书面请求之日起十五日内书面答复股东并说明理由。公司拒绝提供查阅的，股东可以请求人民法院要求公司提供查阅。

3. 我国公司立法的指导原则

（1）规范公司的组织和行为

法律是起规范作用的，因此公司法首先是对公司的组织和行为作出规定，使公司依照法定的规则去设立和运行。在规范的过程中，既可以吸取公司制度长期积累的有益经验，又可以使公司受到法律的保护。

（2）保护公司、股东和债权人的合法权益

制定公司法的出发点是保证和促进公司的发展，而公司发展的基础在于公司的合法权益不受损害，股东的正当利益不受侵犯，涉及公司的交易应当有安全保证，防止侵害债权人的合法权益，因此，在公司法中确立并体现这些原则是必要的，符合市场经济的基本规则。

（3）维护社会经济秩序

公司作为重要的市场主体，不但要求其自身是规范的，而且还要对维护社会经济秩序发挥积极作用，尽到应有的社会责任，所以在公司立法中必须贯彻维护经济秩序的指导原则。

（4）促进社会主义市场经济的发展

公司是适应社会主义市场经济发展要求的企业形式，制定公司法，确立和推行规范的公司制度，立足点就是为了促进社会主义市场经济的发展，所以它是制定和运用公司法的基本指导原则。

三、公司设立的意义

（一）公司设立是公司独立人格产生的必备过程

公司独立人格是现代公司法律制度的基石之一。公司的独特魅力就在于它是以自身的名义和独立的财产参与商事活动。法人的本质特征有两点：一是指法人的团体性，二是指法人的独立人格性。前者把法人与自然人区别开来，而后者则把法人与其他团体区别开来。在法人的这两个本质特征中，人格要素是第一位的，团体性是第二位的。因为团体自古有之，而人格的获得则是法律制度的完善与法学理论不断发展的结果。为什么非法人团体没有人格而法人团体有人格呢？这是因为法人的形成经过了法人的设立制度。团体既然要求被确认为法律上的主体，就必须符合法律对主体的要求，必须经过严格的法律上的制度设计。公司设立制度就是这样一种使团体成为法人的制度设计，经过这种设计，法人才能成为法律关系中的一类主体，才可以享有权利能力与行为能力。因此，我们可以说公司设立制度是公司独立人格形成的基础，是团体成为法人的桥梁。

（二）公司设立构成了对公司债权人的保护

公司股东有限责任是现代公司法律制度的另一基石。股东有限责任使公司的股东仅就他们投入公司的财产承担责任。同时，只要公司持续盈利，他们就可以享受无限的利润。有限的投入与无限的利润使公司股东的风险大大降低。但同时，公司的有限责任却加大了与公司进行交易的债权人的风险。作为规范公司的基本法律，公司法必须肩负起平衡股东、债权人与公司三者利益的责任。公司设立制度的功能之一就是保护债权人，从而在股东利益与债权人利益之间达到平衡。这体现在以下两点。

第一，公司设立制度保证了公司的质量，防止了公司人格的滥用。公司设立制度从本质上看是一种市场准入制度，换言之，就是对市场主体进行筛选的过程。公司设立制度可以从一定程度上保证成立后的公司有充足的财产、健全的组织机构，从而保障公司债权人的交易安全。

第二，公司设立制度保证了公司相关信息的披露，保障了公司相对人的知情权。公司设立制度的内容较为复杂，各国公司法对此的规定也不尽一致，但各国几乎均规定了公司登记的内容。这种规定是强制性的，是公司取得独立人格的必要条件。公司登记要求提供公司章程等表明公司基本状况的文件，并把这些文件公之于众。这样，公司现实的或潜在的债权人可以根据公司所披露的信息来决定是否与公司进行交易、进行多大的交易、通过何种方式进行交易（如是否需要公司提供担保）。公司设立制度正是通过这样的信息披露来保障公司债权人利益的。

（三）公司设立有利于国家对公司的宏观管理

公司法是商法，属于私法的范畴。然而公司法也是被公认的私法公法化较为明显的领域，公司法中存在着大量的强制性规定。事实上，现代各国出于经济安全的考虑，均对公司进行一定程度的管理与干预。公司设立制度中体现的国家干预因素有两点。一是公司设立原则的选择。这体现了国家对公司进入市场的态度，体现了国家的经济政策。二是公司设立登记制度。公司设立登记制度除构成对债权人的信息披露外，也使国家掌握了该国公司的基本组织情况。国家根据掌握的信息制定相应的法律或政策，对本国公司进行管理。

第二节 公司设立的条件

一、有限责任公司设立的条件

《公司法》第二十三条规定："设立有限责任公司，应当具备下列条件：（一）股东符合法定人数；（二）有符合公司章程规定的全体股东认缴的出资；（三）股东共同制定公司章程；（四）有公司名称，建立符合有限责任公司要求的组织机构；（五）有公司住所。"

（一）人的要件

有限责任公司设立的人的要件是指有限责任公司的股东人数及股东资格要符合法律的规定。

1. 股东人数

有限责任公司具有封闭性和人合性的特征，因此它的股东人数也会受到法律的限制。目前国内规定有限责任公司不得有超过 50 人以上的股东，包括所有的有限责任公司都是如此。当然法律并未对其下限人数进行限制。不过从《公司法》中一人有限责任公司的规定可以得知，有限责任公司不能少于 1 个股东。

2. 股东资格

《公司法》中明确指出：有限责任公司的股东可以是自然人也可以是法人。不过《公司法》对于有限责任公司的股东自然人和法人资格却未进行明确要求。一般来讲，作为有限责任公司股东的自然人要具有完全行为能力；作为有限责任公司股东的法人须在法律上没有特别的限制，比如公司进入清算阶段后，其主体资格不变，不过其不再具备有限责任公司的股东资格。

（二）财产要件

有限责任公司的财产要件是指法律对有限责任公司最低注册资本的要求。

我国对有限责任公司的资本实行分期缴纳制（一人有限责任公司除外，一人有限责任公司还是实行实缴资本制，即所有注册资本必须一次全部缴清）。但同时，《公司法》对有限责任公司的首次出资额也做出了规定，即公司全体股东的首次出资额不得低于公司注册资本的20%，同时也必须达到3万元。在首次出资达到3万元后，剩余的注册资本可以在公司成立之后两年内缴足。对于一些特殊的有限责任公司，如从事银行、证券、保险等行业的有限责任公司，相关的法律、行政法规对其注册资本有着较高的规定，那么此类公司就必须达到法律、行政法规的这些较高要求才可以设立。

（三）组织要件

有限责任公司的组织要件是指有限责任公司要有符合法律规定的名称、住所，并建立相应的组织机构。

1. 有限责任公司的名称

有限责任公司的名称是指股份有限公司用以进行生产经营活动，并区别于其他公司或企业的标志。我国《企业名称登记管理实施办法》第九条规定："企业名称应由行政区划、字号、行业、组织形式依次组成，法律、行政法规和本办法另有规定的除外。"此外，《公司法》第八条第一款还规定："依照本法设立的有限责任公司，必须在公司名称中标明有限责任公司或者有限公司字样。"因此，有限责任公司的名称应包括以下四个部分：①行政区划，即公司登记地的行政区划名称；②字号，也称为商号，是公司名称中最为核心的部分，是公司名称区别于其他公司名称的最根本的标志；③行业，即公司所从事的事业所处的行业；④组织形式，即在公司名称中标明"有限责任公司"。

2. 有限责任公司的住所

公司的住所是指公司的主要办事机构所在地。公司的住所是唯一的，它是为使法律关系集中于一处而确定的公司法人的住址。确立公司住所的法律意义如下：①公司住所是诉讼管辖的依据；②公司住所是法律文书收受的处所；③公司住所可以确定登记、税收等管理机关；④公司住所可以确定债权债务的接受地和履行地；⑤在涉外民事法律关系中，公司住所是确认准据法的依据之一。

除上述之外，在涉外民事诉讼中，当按属人法原则适用当事人本国法律时，一般按公司的住所确定适用何国法律。经公司登记机关登记的公司的住所只能有1个。公司的住所应当在其公司登记机关辖区内。

3. 有限责任公司的组织机构

有限责任公司必须建立符合法律规定的组织机构执行公司事务，对外代表公司。根据

《公司法》的规定，有限责任公司的组织机构一般由股东会、董事会、监事会组成。股东会是有限责任公司的最高权力机构，由有限责任公司的全体股东组成。董事会是公司的执行机构，监事会是公司的监督机构。根据《公司法》第五十条、第五十一条的规定，股东人数较少或规模较小的有限责任公司可以不设董事会而只设一名执行董事，也可以不设监事会而只设一至二名监事。

（四）行为要件

有限责任公司的行为要件主要是指有限责任公司的股东共同制定公司章程。有限责任公司的章程由出资的股东共同制定，在章程制定完毕后由全体股东在章程上签名、盖章。

二、股份有限公司设立的条件

（一）人的要件

股份有限公司设立的人的要件是指股份有限公司发起人的人数、资格要符合法律的规定。公司发起人是指具有创办公司的共同意思，认购股份，承担公司筹办事务并签章于公司章程上的人。

1. 发起人的人数及住所

各国公司立法都有关于发起人人数的规定。对发起人人数的规定主要是基于以下考虑：①股份有限公司发起过程中事务较为繁杂，须有多人协助；②公司发起人是公司设立过程中责任的主要承担者，规定较多的发起人有利于保护公司设立过程中相对人的利益；③在股份有限公司采取发起设立时，发起人的人数就等于股份有限公司成立后的股东人数，为了保证成立后公司的最低人数，须规定公司发起人的最低人数。但是，在具体人数上，各国或地区的规定并不一致。

《公司法》第七十八条规定股份有限公司应有二人以上二百个以下的发起人。2005年修订前的《公司法》规定的股份有限公司发起人的人数下限为5人，现行《公司法》把公司发起人人数的下限改为2人，主要是为了降低公司设立的门槛，这与公司法所追求的鼓励投资的价值目标是一致的。《公司法》把股份公司发起人人数上限定为200人，究其原因在于：募集设立具有严格的条件和复杂的设立程序，因此会拉长设立时间和增加设立成本，所以通常情况下，为了规避这一复杂程序，股份有限公司往往采取发起设立的方式来进行。不过过多的发起人也会带来一些问题，具体表现在由于其具备了公众性而导致发起设立规定的不适用性。因此，为防止发起人恶意规避法律规定，并规范公司设立行为，2018年《公司法》在确定发起人人数时，将200人设定为上限。

《公司法》不仅严格规定了股份有限公司发起人人数，也限制了其股东住所。《公司法》的第七十八条规定其必须有半数以上的发起人在中国境内有住所。这主要是基于对公司筹办工作以及公司设立责任承担的考虑而做出的规定。发起人在中国境内拥有住所是指要在中国境内长期居住或者户籍在中国境内，这是从中国公民的角度而言的；而对于外国公民，则要求其经常在中国境内居住；从法人的角度来说，是指要求其办事机构要在中国境内。

2. 发起人的资格

根据《公司法》的规定，自然人与法人均可成为股份有限公司的发起人。法律对作为股份有限公司自然人与法人资格的要求与对有限责任公司股东的要求是基本一致的，即作为发起人的自然人要具有完全行为能力，作为发起人的法人要没有法律上的限制。

（二）财产要件

股份有限公司的财产要件是指法律对股份有限公司最低注册资本的要求。《公司法》第八十条规定："股份有限公司采取发起设立方式设立的，注册资本为在公司登记机关登记的全体发起人认购的股本总额。在发起人认购的股份缴足前，不得向他人募集股份。股份有限公司采取募集方式设立的，注册资本为在公司登记机关登记的实收股本总额。法律、行政法规以及国务院决定对股份有限公司注册资本实缴、注册资本最低限额另有规定的，从其规定。"

从上述规定可以看出，《公司法》对股份有限公司实行的仍然是法定资本制，只不过法律允许以发起设立方式设立股份有限公司的发起人在缴足首次出资后，余下的部分可以在公司设立登记后的法定期限内缴足。换言之，《公司法》规定在公司设立时所有的股份必须一次发行完毕，但允许发起人分期缴纳作为股份对价的货币或非货币财产，这与授权资本制允许股份的分期发行有着本质的区别。值得注意的是，发起人分期缴纳出资仅适用于公司采取发起设立的情形，当公司采取募集设立的方式时，股份有限公司的注册资本为在公司登记机关登记的股本总额，这意味着在公司采取募集设立方式，公司发起人及认股人必须一次足额缴清其认购的股份，而不允许分期缴纳。

（三）组织要件

股份有限公司的组织要件包括公司的名称、公司的住所及公司的组织机构。

1. 股份有限公司的名称

股份有限公司的名称是指股份有限公司用以进行生产经营活动，并区别于其他公司或企业的标志。我国《企业名称登记管理实施办法》第九条规定："企业名称应由行政区划、字号、行业、组织形式依次组成，法律、行政法规和本办法另有规定的除外。"此外，《公司法》第八条第二款还规定："依照本法设立的股份有限公司，必须在公司名称中标明股份有限公司或股份公司字样。"因此，股份有限公司的名称应包括以下四个部分：①行政区划，即公司登记地的行政区划名称；②字号，也称为商号，是公司名称中最为核心的部分，是公司名称区别于其他公司名称的最根本的标志；③行业，即公司所从事的事业所处的行业；④组织形式，即"股份有限公司"。

2. 股份有限公司的住所

《公司法》第七十八条规定：“设立股份有限公司，应当有二人以上二百人以下为发起人，其中须有半数以上的发起人在中国境内有住所。”

3. 股份有限公司的组织机构

《公司法》中明确指出：股份有限公司应该包括股东大会、董事会以及监事会等机构。股份有限公司的股东大会要求全体股东必须参与。股份有限公司的董事会与监事会必须在公司设立登记前由公司发起人或发起人和认股人共同选举产生。

（四）行为要件

股份有限公司的行为要件是指发起人和认股人为设立公司而依法从事的一系列活动。

和其他公司设立程序相比，股份有限公司的复杂程度是最高的，其中募集设立又是股份有限公司设立中最为复杂的，其余公司设立方式只不过在其行为上有所删减而已。因而我们便以股份有限公司的募集设立来看公司设立行为的内容，一般应包括：订立发起人协议，订立公司章程，出资、募集股份、认股、缴纳股款，召开公司创立会议，申请公司设立登记以及为了公司设立事务与第三人的交易行为等。

第三节　公司设立的方式

一、发起设立

发起设立也称为共同设立、单纯设立，即发起人要对发行的全部股份进行认购而形成公司。因为发起人要对发行的全部股份进行认购，而不向发起人之外的人筹集资金，因此发起设立对发起人自有资金的要求较高。但是当设立的公司规模不大、发起人的自有资金充足时，发起设立与募集设立相比就会有程序简单、设立成本低的优势。因而，发起设立方式尤其适合中小型企业。除此以外，只有发起人才能对股份进行认购，而不需要其他公众来认购股份，因而有助于维护公司股东的稳定性。因此，发起设立是各种企业设立的基本形式，有限责任公司、股份有限公司，乃至无限责任公司、两合公司都可以采取这种设立方式。相反，如果所要设立的公司规模巨大而发起人的自有资金严重不足时就不宜采取发起设立的方式，而应当采取募集设立的方式来向发起人之外的人吸收资金。

二、募集设立

募集设立也可以称为渐次设立、复杂设立，是指发起人只需要对发行股份的部分进行认购，其他部分可以由社会公众或者特定对象进行认购而成立的公司形式。募集设立方式仅适用于股份有限公司与股份两合公司，由于《公司法》没有规定股份两合公司，因此在我国，只有股份有限公司才能采取募集设立的方式。相较于发起设立，募集设立方式的突出特点就在于它强大的集资优势。当要设立的公司规模巨大，且发起人的自有资金严重不足时，发起人为了筹备公司设立所需要的资金可以采取募集设立方式来进行公司设立。

但是与发起设立方式相比，募集设立方式存在着一定的弊端：①采取募集设立程序复杂且旷日废时，还要受到国家较多的管制，因此采取募集设立方式成本较高；②采取募集设立方式会导致股权的分散，不利于发起人对公司的控制；③当向社会公众溢价发行股份时，会形成公司的创设利润。发起人很可能会为了非法获取这部分利润，假借设立公司之名，骗取社会公众的钱财。

募集设立包括社会募集方式和定向募集方式。

（一）社会募集方式

社会募集方式是指由发起人认购公司应发行股份的一部分，其余部分向社会公开募集而设立公司。社会募集方式最突出的特点就是其股份募集对象的广泛性与不特定性。正是由于其股份募集对象的广泛性与不特定性，社会募集方式与发起设立方式、定向募集方式相比有着更强的集资功能。但同时，在诸种设立方式中，社会募集方式又是程序最为复杂、成本最高的设立方式。

（二）定向募集方式

定向募集方式是指由发起人认购公司应发行股份的一部分，其余股份向特定对象募集而设立公司。在 2005 年《公司法》修订前，《公司法》只规定了社会募集一种募集方式。现行《公司法》新增加了定向募集方式。由于定向募集属于非公开发行证券的方式，因此，不得采用广告、公开劝诱和变相公开方式进行发行。

与发起设立相比，定向募集可以向发起人以外的对象筹集资金，因此比发起设立具有更强的集资功能；与社会募集方式相比，定向募集程序相对要简单，受到国家的管制相对较少，因此定向募集的成本相对较低。此外，由于募集是向特定的对象进行，有利于发起人吸收资质高的投资人作为公司的股东。但是，定向募集方式也有其弊端，由于法律对定向募集信息披露的要求不高，定向募集可能产生透明度不高、对不同投资人差别对待的情况。

（三）募集设立的法律限制

为了防止发起人通过募集设立股份有限公司而获取不正当利益，法律对发起人认购股份的方式及数量做出了限制。首先，根据《公司法》第八十条第二款的规定，股份有限公司采取募集方式设立的，注册资本为在公司登记机关登记的实收股本总额。也就是说在采取募集设立的情形下，公司发起人不得分期缴纳出资，必须一次全部缴清其认购的股份。其次，根据《公司法》第八十四条的规定，以募集设立方式设立股份有限公司的，发起人认购的股份不得少于公司股份总数的百分之三十五。这里所规定的百分之三十五的份额是指全体发起人认购股份的总额，而不是某一个发起人认购的股份额。至于每一个发起人应当认购的股份数额，我国公司法没有明确规定。因此，从原则上讲，即使某个发起人认购1股，只要全体发起人认购总额达到了公司股份总额的百分之三十五，也是符合法律规定的。

第四节　公司设立的程序

一、有限责任公司的设立程序

有限责任公司一般规模较小、人合性较强，且仅可以采取发起设立一种设立方式，故而有限责任公司的设立程序较为简单。

（一）发起人发起

只有发起人能设立有限责任公司。发起人在设立有限责任公司之前应该进行必要的预测和可行性分析，确定公司组建意向方案，并基于此来进行发起人会议决议和发起人协议的签订。明确公司设立的各方权利和义务的书面文件都包含在发起人会议决议和发起人协议当中，这和法律性质上的合伙协议具有同样的效用。发起人会议决议和发起人协议主要由以下内容组成：首先要对公司的经营项目、规范、生产规模、注册资本、投资总额及宗旨等进行明确；其次要对出资方式、经营管理模式、盈余分配以及各方出资额等进行确定。需要指出的是，有限责任公司设立的发起人协议或发起人会议决议并不是公司法强制要求签订的文件。在现实中，许多有限责任公司设立时并不签订发起人协议或发起人会议决议，而是通过订立公司章程来规范公司设立过程中各发起人的权利与义务。此时，公司章程就有了发起人协议的性质。

（二）订立公司章程

1. 章程的订立

公司设立之后必须进行公司章程的设定。它主要是对公司成立以后的各种行为进行约束和规范的一种文件，需要依据法律、法规的要求进行设立。根据《公司法》第十一条的规定，设立公司必须依法制定公司章程。公司章程对公司、股东、董事、监事、高级管理人员具有约束力。由于有限责任公司的人合性，公司章程是由全体股东共同订立的。依照《公司法》第二十五条第二款的规定，股东应在公司章程上签名、盖章。

2. 章程的内容

有限责任公司章程需要明确和记载的事项应根据《公司法》第二十五条第一款的规定进行：一是要载明公司名称和住所；二是要对公司经营范围进行明确；三是要对公司注册

资本进行说明；四是要对股东的姓名或者名称进行注明；五是要明确股东的出资方式、出资额和出资时间等；六是要对公司的机构及其产生办法、职权、议事规则进行注明；七是要载明公司法定代表人；八是要将股东会会议认为需要规定的其他事项进行记载。

（三）申请名称预先核准

公司名称预先核准的法律规定是：

第一，设立有限责任公司，应当由全体股东指定的代表向公司登记机关申请名称预先核准；

第二，设立股份有限公司，应当由全体发起人指定的代表向公司登记机关申请名称预先核准；

第三，公司名称不得含有可能对公众造成欺骗或者误解、政党名称、党政军机关名称、群众组织名称等文字。

（四）设立审批

这一程序并非所有有限责任公司的设立都须经过。一般情况下，只要不涉及法律、法规的特别要求，当有限责任公司符合《公司法》所规定的设立条件时，就可以直接进行注册登记。但是，依照《公司法》第六条第二款的规定，对于法律、行政法规规定必须报经批准的，在公司登记前要依法办理批准手续。

根据我国相关法律的规定，需要办理审批的有限责任公司有以下几类。

1. 法律、法规规定必须经审批的

如设立经营证券业务的有限责任公司，应事先经证券管理部门的批准。

2. 公司营业项目中有必须报经审批的

如设立烟草买卖方面的公司，必须经过国家烟草管理部门审批后方可设立。此外，我国国有企业股份制改造过程中改组为有限责任公司也必须经过审批。

（五）缴纳出资

有限责任公司除具有人合因素外，还具有资合因素。公司没有出资，就不能设立。缴纳出资就是公司设立中履行设立协议或公司章程规定的出资义务的行为。发起人协议签订和公司章程订立后，发起人就应该按照协议和章程履行出资义务，否则因此给他人造成损失的还要承担相应的法律责任。《公司法》第二十六至第二十八条分别对有限责任公司股东出资的数额、方式、种类以及缴纳方式等问题做了明确规定。

（六）申请设立登记

1. 申请人

申请设立登记是指由全体设立人指定的代表或者代理人向公司登记机关申请设立登记

的行为。公司只有通过登记才能成为法律上的主体，具有独立的法律人格。公司设立登记的申请人分别是：（1）设立有限责任公司，应当由全体股东指定的代表或者共同委托的代理人作为申请人；（2）设立国有独资公司，应当由国务院或者地方人民政府授权的本级人民政府国有资产监督管理机构作为申请人；（3）设立股份有限公司，应当由全体发起人指定的代表或则共同委托的代理人作为申请人。

2. 申请所提交的文件

在我国申请人申请设立有限责任公司提交的文件有：企业名称预先核准通知书、公司法定代表人任职文件和身份证明、公司住所证明、公司章程、股东的主体资格证明或者自然人身份证明等。法律依据：《公司法》第二十三条设立有限责任公司，应当具备下列条件：（1）股东符合法定人数；（2）有符合公司章程规定的全体股东认缴的出资额；（3）股东共同制定公司章程；（4）有公司名称，建立符合有限责任公司要求的组织机构；（5）有公司住所。第二十四条有限责任公司由五十个以下股东出资设立。

（七）登记发照

1. 核准登记

登记机关审查相关的申请登记材料后，要依据法律程序来发放营业执照，至此有限责任公司确定成立。有限责任公司的成立日期应该依据公司营业执照上的签发日期确定。公司的法人资格也在此刻生效，其经营活动也从公司名义进行。企业法人营业执照可以为公司提供刻制印章、开立银行账户和申请纳税登记等用途。

2. 签发出资证明书

有限责任公司成立后应该根据《公司法》的第三十一条第一款规定进行股东出资证明书的签发。有限责任公司股东地位和股东权益的保障文件就是出资证明书，因此它需要由以下事项组成：一是必须注明公司的名称和登记日期；二是要将公司的注册资本和股东姓名进行登记；三是要对出资数额和出资日期、出资证明书的编号和核发日期进行注明等。并且出资证明书上一定要有公司的印章。所以说，出资证明书的签发应该在公司设立以后，若之前就进行出资证明书签发的，则公司要承担一定的法律责任。

有限责任公司应该根据《公司法》第三十二条的有关规定对股东名册进行登记，具体应包括以下内容：首先要对股东的姓名和住所进行登记；其次要对股东的出资额进行登记；最后要对出资证明书的编号进行登记。只有记录在册的股东才能依法行使其股东权利。

二、股份有限公司的设立程序

（一）签订发起人协议

1. 发起人协议的概念

发起人协议是发起人之间经协商以书面表达的方式共同设立公司，各自承担一定设立义务的合同。发起人协议是一种典型的合伙契约。《公司法》第七十九条第二款规定：“发起人应当签订发起人协议，明确各自在公司设立过程中的权利和义务。”从这款规定可以看出，与有限责任公司的设立不同，在股份有限公司的设立中，发起人协议是设立公司的必要条件。

2. 发起人协议的内容

一般来说，发起人协议有以下内容：①发起人及其法定代表人的姓名、住所、国籍、职务；②设立公司的名称、住所和经营范围等；③设立方式；④资本总数及发行的股份总数、注册资本、每一发起人认购股份的数额；⑤出资方式、期限、每股的金额等；⑥发起人的权利、义务和责任；⑦发起人内部职责的分工；⑧协议适用法律、纠纷解决办法；⑨协议生效、终止的时间和所附的条件；⑩其他需要载明的事项等。

（二）订立公司章程

《公司法》第七十六条第（四）项规定，发起人须制定公司章程。股份有限公司在发起设立和募集设立时章程的制定是不同的。

1. 发起设立时公司章程的制定

在股份有限公司发起设立时，公司章程是由全体发起人在协商一致的基础上共同制定的。只要章程符合法律的规定，该章程就将成为成立后公司的章程。

2. 募集设立中公司章程的制定

在募集设立时，公司章程的制定分为两步。第一步，由公司发起人在协商一致的基础上先行制定公司章程。此章程仅为发起人的合意，并非公司成立时所有股东的合意，因而该章程仅为公司成立时章程的基础。第二步，在募集的股款缴足后举行的公司创立大会上，公司章程经出席大会认股人所持表决权的半数以上通过，即形成对全体股东有约束力的章程。此时，公司章程的制定才告完成。

3. 股份有限公司章程的记载事项

公司章程的记载事项可以分为绝对必要记载事项、相对必要记载事项及任意记载事项。《公司法》没有对上述三类记载事项进行区分。根据《公司法》第八十一条的规定，股份有限公司章程记载下列事项：①公司名称和住所；②公司经营范围；③公司设立方式；④公司股份总数、每股金额和注册资本；⑤发起人的姓名或者名称、认购的股份数、出资方式和出资时间；⑥董事会的组成、职权和议事规则；⑦公司法定代表人；⑧监事会的组成、职权和议事规则；⑨公司利润分配办法；⑩公司的解散事由与清算办法；⑪公司的通知和公告办法；⑫股东大会会议认为需要规定的其他事项。

（三）申请名称预先核准

例如《公司法》明文规定，“依照本法设立的公司名称必须使用‘有限责任公司’或‘股份有限公司’字词”。因此在 1994 年 7 月 1 日以后，凡设立公司必须称“有限责任公司”或“股份有限公司”而不能单独称“公司”。目前，我国仍有许多企业单独称“公司”。都是在公司法实施前设立，在当时的情况下，对公司这一经济组织无特别的单项法规来约束，这些公司都有一个三到五年内根据国家的统一安排逐步依照公司法进行规范的过程。届时，它们的名称也将随公司法的规范过程规范为有限责任公司或股份有限公司，或改为其他组织形式的名称。

（四）办理审批手续

《公司法》第六条第一款规定：“设立公司，应当依法向公司登记机关申请设立登记。符合本法规定的设立条件的，由公司登记机关分别登记为有限责任公司或者股份有限公司；不符合本法规定的设立条件的，不得登记为有限责任公司或者股份有限公司。”因此，《公司法》对所有公司的设立原则上采取严格准则主义。但《公司法》第六条第二款规定：“法律、行政法规规定设立公司必须报经批准的，应当在公司登记前依法办理批准手续。”因此，法律、行政法规规定股份有限公司的设立需审批的，应当办理审批手续。

经有关行政机关审批，批准设立股份有限公司的，颁发批准证书或文件；否则将做出不予批准的决定。

（五）股份的认购

1. 发起设立时股份的认购

《公司法》第八十三条第一款规定：“以发起设立方式设立股份有限公司的，发起人应当书面认足公司章程规定其认购的股份，并按照公司章程规定缴纳出资。以非货币财产出资的，应当依法办理其财产权的转移手续。”

（1）发起人认购公司发行的股份

在公司发起设立时，发起人要以书面形式认足公司章程规定的首次发行的股份。根据《公司法》第八十条的规定，股份有限公司采取发起设立方式设立时，在发起人认购的股份缴足前，不得向他人募集股份。

（2）发起人缴纳出资

在发起人以书面形式认购公司章程规定其应认购的股份后，发起人应立即缴纳出资。发起人可以用货币出资，也可用其他非货币财产进行出资。根据我国公司法规定，非货币财产包括实物、知识产权、土地使用权等可以用货币估价并可以依法转让的财产。发起人以非货币财产出资的，应当依法办理财产权转移手续。

2. 募集设立时股份的认购

（1）发起人认购法定数额的股份

由于公司发起人在公司设立中的特殊地位和作用，各国公司法均规定，在公司募集设立时，发起人要认购法定数额的股份。这样规定的目的在于加重发起人的责任，保护广大投资者的利益。公司发起人是公司设立过程中的主导因素，只有加重发起人的责任，把发起人的利益与公司的利益连在一起，发起人才会关心公司设立及公司成立后的事务，从而实现公司的经营目标。

《公司法》第八十四条规定："以募集设立方式设立股份有限公司的，发起人认购的股份不得少于公司股份总数的百分之三十五；但是，法律、行政法规另有规定的，从其规定。"此处所讲百分之三十五的限额是指公司全体发起人认购股份的总数，而不是单个发起人的认购数。至于单个发起人的认股数，我国公司法没有具体规定。若公司章程没有特别规定，原则上单个发起人最低可以认购 1 股。

与发起设立中的发起人一样，募集设立中的发起人既可以用货币出资，也可以用其他非货币形式的财产出资。在募集设立中，只有发起人才可以用法定的非货币财产出资，其余属于社会公众的认股只能用货币缴纳股款。与发起设立不同，募集设立的股份有限公司的发起人必须一次缴清股款或交付其他非货币出资，不允许分期缴纳。

（2）制作招股说明书

招股说明书是公司向社会募集股份的重要法律文件，公司在向社会公开募集股份前必须制作招股说明书。

《公司法》第八十六条规定，招股说明书应当附有发起人制定的公司章程，并载明下列事项：①发起人认购的股份数；②每股的票面金额和发行价格；③无记名股票的发行总数；④募集资金的用途；⑤认股人的权利、义务；⑥本次募股的起止期限及逾期未募足时认股人可以撤回所认股份的说明。

（3）签订股票承销协议

《公司法》规定，发起人向社会公开募集股份，应当由依法设立的证券经营机构承销，签订承销协议。股票承销协议是我国证券法规定的证券承销协议的一种。根据《中华人民共和国证券法》第二十八条规定，代销或者包销协议应载明下列事项：①当事人的名称、住所及法定代表人姓名；②代销、包销证券的种类、数量、金额及发行价格；③代销、包销的期限及起止日期；④代销、包销的付款方式及日期；⑤代销、包销的费用和结算办法；⑥违约责任；⑦国务院证券监督管理机构规定的其他事项。

（4）签订代收股款协议

我国公司法规定，发起人向社会公开募集股份，应当同银行签订代收股款协议。代收股款的银行应当按照协议代收和保存股款，向缴纳股款的认股人出具收款单据，并负有向有关部门出具收款证明的义务。

（5）向国务院证券监督管理机构提出募股申请

根据我国公司法和证券法的规定，发起人向社会公开募集股份时，必须向国务院证券监督管理机构递交募股申请，并报送相关文件。

（6）公告招股说明书

根据我国公司法与证券法的规定，向社会公众发行股票必须公告招股说明书。招股说明书是信息披露的重要内容。

（7）制作认股书

发起人向社会公开募集股份，在公告招股说明书的同时，还必须制作认股书。认股书应当载明招股书中所列的事项，由认股人填写所认股数、金额、住所，并签名、盖章。

（8）缴纳股款

认股人在填写认股书后，应向代收股款的银行缴纳股款。代收股款的银行应当按照协议代收和保存股款，向缴纳股款的认股人出具收款单据，并负有向有关部门出具收款证明的义务。

（六）建立公司机构并申请设立登记

1. 发起设立时公司机构的建立及申请登记

根据我国公司法的规定，在股份有限公司发起设立时，发起人首次缴纳出资后，就应当选举董事会与监事会。至于采取什么方式选举，我国公司法没有明确规定。在选举出公司的董事会与监事会后，由董事会向公司登记机关报送设立公司的批准文件、公司章程、验资证明以及法律、行政法规规定的其他文件，申请设立登记。

2. 募集设立时公司机构的建立及申请登记

股份有限公司采取募集设立时，若已经缴足全部的发行股份，并由法定验资机构出具验资报告，则发起人应当于30日之内召开公司创立大会。参与人要包括发起人和认股人。若是未能按期缴足所有发行股份，或者发起人未按规定召开创立大会的，则认股人有权利要求发起人返还所认购的股份金额和银行同期存款利息。

大会对前款所列事项做出的决议，必须经出席会议的认股人所持表决权的半数以上通过。发起人进行会议日期的通知时间和公告时间应该在创立大会召开的15日之前就予以公布，并要求有50%以上的认股人出席创立大会。创立大会的职权如下：一是审议发起人应该报告公司的筹办情况；二是要对公司章程进行复议并予以通过；三是要选举出董事会成员；四是选举监事会成员；五是审核相应的公司设立费用；六是审核发起人用来抵作股款的财产评估价值；七是在产生了不可抗力的作用，公司经营条件发生了较大变化的情况下，可以进行不设立公司的最终决议。

创立大会完成董事会选举以后，应该在 30 日之内由董事会将下列文件呈交登记机关进行登记：一是呈交设立登记申请书；二是创立大会的会议记录；三是公司章程；四是验资证明；五是发起人的法人资格证明和自然人身份证明；六是法定代表人、公司董事、公司监事的任职文件和身份证明。若公司的办公地址证明股份有限公司是采取募集方式设立的，则需要由国务院证券监督管理机构对以上资料进行审核并核发批准文件。

（七）公告

股份有限公司设立登记经核准的，由登记机关颁发营业执照，公司自营业执照签发之日起成立。股份有限公司成立后，应当进行公告。

第五节　公司章程

一、公司章程概述

（一）公司章程的概念

公司章程是设立公司的股东共同制定，并对公司、股东、公司经营管理人员具有约束力的、调整公司内部组织关系和经营行为的自治规则。公司章程是公司作为一个法人组织的重要标志，有“公司根本法”或“公司宪法”之称，是公司成立和存在的必要前提和条件。公司章程在公司内具有最高的行为准则效力，公司的各项基本管理制度、具体规章和内部细则等规范性文件都必须以公司章程为基础来制定。

公司组织机构做出的决定、决议均不得违反公司章程，否则视为无效。公司法和公司章程的有机结合，是规范公司组织和活动的重要保障。

（二）公司章程的特征

1. 公司章程是法定文件

公司必须具备公司章程，否则公司不能成立。一般来讲，公司的成立必须符合三个要件，即人的要件、物的要件和行为要件。人的要件主要是指要有符合法律规定的发起人或股东，物的要件主要是指公司成立时须具备一定的资本和住所，行为要件则主要是指制定公司章程的行为。《公司法》第十一条规定“设立公司必须依法制定公司章程”，另外，《公司法》第二十三条和第七十六条分别把制定公司章程作为有限责任公司和股份有限公司设立的必要条件。作为公司法定文件，公司章程不仅要在公司内部备置，还必须在公司登记机关进行登记；若公司章程发生了变更，还须到公司登记机关进行变更登记。

2. 公司章程是要式文件

公司章程是公司内部组织与行为的基本准则，关乎公司基本问题，因此在各国公司法中对公司章程一般都要求采用书面形式，也有采用公证等特殊书面形式者。

3. 公司章程是公司的组织与行为规范

公司章程规定公司的性质与宗旨、经营范围等内容，是公司经济活动的基本依据。公司章程还对公司内部组织机构的设置、权限和责任做出规定，为公司的经营决策、内部治理机制运转提供了组织前提。股东是公司的社员，享有一定的社员权，股东的具体权利与义务由公司章程详细规定。

4. 公司章程体现了股东的意志

公司章程由股东根据法律以及公司的具体情况制定，体现了股东的自由意志。尽管公司章程有法定的记载事项，但对该事项的具体内容仍然由股东自主决定。但公司章程所体现的股东意志，不是每个股东的所有意志，也不是所有股东意志的简单相加，而是经过法定程序形成的股东团体化的意志。

5. 公司章程具有公开性

公司章程记载的所有内容都应当公开，包括对股东公开和对社会公众公开。公司章程的公开性是公司对外的信誉证明。公司章程中记载的基本资本、经营范围等事项，对于公司对外进行经营活动、保障交易安全至关重要。公司及公司的登记机关应当积极地创造条件使股东、潜在投资者和债权人了解公司章程的内容。公司章程须经登记本身即章程公开性的一种表现。另外，按照《公司法》第三十三条和第九十六条的规定，有限责任公司的股东有权查阅、复制公司章程；股份有限公司应当将公司章程置备于本公司。公司在经营过程中，也应当尽量满足交易对方查阅公司章程的要求。并且，公司章程是公司公开发行股票或者债券时必须披露的文件之一。我国《公司法》第八十五条和第八十六条规定，发起人向社会公开募集股份，必须公告招股说明书，招股说明书应当附有发起人制定的公司章程。

6. 公司章程的制定和修改必须依法进行

虽然公司章程的制定从表面上看是公司的内部事务，可以按照意思自治的原则来自由设定条款，但是公司章程的制定和修改也有可能被大股东操纵，侵害公司和中小股东的利益。并且，当公司发生合并、分立、解散的情况时，公司章程中此类事项的规定具有明显的涉他性。所以，为了维护公司和中小股东的利益以及社会公众的利益，公司章程必须有国家的干预，其制定和修改必须依法进行。

大多数国家的公司章程由单一文件组成，一般记载公司的名称、宗旨、资本总额、组织机构以及其他重要事项。根据《公司法》的规定，我国公司的章程也由单一文件构成。但在英美国家，公司的章程性文件由两部分构成，这两部分文件在英国称为公司组织大纲（或组织简章）和组织章程，在美国称为公司组织章程和公司章程细则。我国公司法没有对章程细则做出规定，公司可以根据具体情况制定章程细则。

（三）公司章程的性质

关于公司章程的性质，各国学者存在不同的看法，主要有自治法说和契约说。在我国，以自治法说为通说。

自治法说认为，公司章程是公司行使国家赋予的公司自治立法权而制定的自治法规，公司中的各类人员必须遵守公司章程的规定，章程不仅约束制定章程的设立者或者发起人，而且约束公司机关及新加入公司的股东。公司的经营管理制度、议事方式及各项内部规章都不得与公司章程相抵触，否则没有法律效力。

该说认为，公司章程作为自治法规，其特点在于自治性和法规性两方面。

1. 公司章程的自治性体现

公司章程是公司自我约束的行为规范，它由公司出资人依照公司法的规定，并根据拟设立公司的目的、资金状况、所处行业等具体情况而制定，体现了他们的主观意志。并且在适用上，公司章程的规定优先于公司法的任意性规定。

公司章程的效力范围具有封闭性，仅及于公司、公司机关及公司成员等有限的范围内，对第三人没有法律约束力。

2. 公司章程的法规性主要源于其效力的强制性

公司章程的制定主体只能是公司的出资者，但章程的效力却并非仅及于章程的制定者。公司章程一旦生效则对公司、董事、监事、高级管理人员和全体股东都具有约束力，各方都应遵守章程的规定。根据各国公司法的规定，章程的制定或修改在程序上适用多数决方式，并非全体出资人一致通过，不同意通过章程内容者也要受该章程的约束。

实际上，自治性是自治法说和契约说的共同点，而自治法说在强调章程体现了公司股东的自由意志的同时，也看到了公司章程在很多方面不同于一般的契约，这是自治法说较契约说更为合理之处。

（四）发起人协议与公司章程的区别

发起人协议又称公司设立协议，是在公司设立过程中，由发起人订立的关于公司设立事项的协议，其与公司章程有着密切的联系。发起人协议与公司章程有一些相同之处，两者具有一致的目标，而且内容也有许多相同之处。它们都是由多数人制定的文件，都是多数人的一种合意，都具有规范和约束当事人行为的功能，订立过程也十分相似。设立公司是订立发起人协议和制定公司章程的共同目标，基于此共同目标，两者在内容上有许多共同之处。例如，公司名称、注册资本、经营范围、股东构成、出资形式等事项，不仅是公司章程的绝对必要记载的事项，而且是发起人协议的主要内容。有些发起人协议不仅调整发起人各方的权利义务，协调各发起人的行为，而且约定了未来公司的组织机构、增减资本、合并、分立、终止等事项。实务中，在订立有发起人协议的情况下，公司章程的制定往往以发起人协议为基础，发起人协议的主要内容被公司章程所吸收。

虽然发起人协议与公司章程有许多的相同之处，但二者毕竟是两种不同性质的文件，具有明显的差异。

第一，在我国，法律对公司设立过程中发起人协议和公司章程的规定因公司组织形式的差异而有所不同。对于股份有限公司和采取有限责任公司形态的外商投资企业，我国公司法和外商投资法将发起人协议规定为公司设立环节必备的法律文件。对于其他的有限责任公司，发起人协议是任意性文件。这种区别对待，体现了国家干预力度的不同，贯彻了对有限责任公司放松国家干预、对股份有限公司强化国家干预这一理念。而公司章程则是必备性文件，任何公司的成立都必须以提交章程为法定要件。

第二，法律对章程和合同的通过和修改的条件要求不同。发起人协议一般是不要式文件，是发起人之间订立的合同，遵循合同法的一般规定，对于股份有限公司的发起人协议，法律规定必须采用书面形式；公司章程是公司设立的必备文件，具有要式性，其内容以及通过和修改的条件，法律皆有明确的规定。公司章程的通过和修改，并不要求全体股东一致同意，而是依少数服从多数的原则订立和修改；而发起人协议作为一种合同无论是订立时的通过还是订立后的修改，都需要协商一致。

第三，发起人协议与公司章程的效力不同。效力范围上，公司章程适用的范围包括公司法人及其成员（股东），调整所有股东之间、股东与公司之间、公司的管理机构与公司之间的法律关系，不仅包括制定章程时的原始股东，而且章程制定后加入公司的新股东也受章程的约束。发起人协议由合同的相对性决定，只调整订立协议的各发起人的权利义务，其效力不能及于协议当事人之外的第三人。效力期间上，发起人协议调整公司设立过程中的法律关系和法律行为，它的效力期间是从设立行为开始到设立过程终止，公司的成立即意味着协议效力的终止；而公司章程的效力则及于公司成立后的整个存续过程，直至公司完全终止。

二、公司章程的制定和修改

（一）公司章程的制定

公司章程是公司设立的要件之一，章程的制定发生在公司设立环节，是针对公司的初始章程而言的。从立法与公司设立实践来看，订立章程应注意章程所记载的内容必须是客观存在的、与实际相符的事实，不得违背法律和行政法规的强制性规定，不得严重违反社会公序良俗。对公司法已经做了明确规定的内容一般不在章程中再作记载。

在我国，制定公司章程是一种要式法律行为，章程必须采用书面形式，制定人应当在章程上签名盖章。有些国家和地区的法律还规定公司章程必须进行公证等程序，如日本、德国。我国没有对公司章程的公证做出强制性规定，可以由当事人自由选择。

根据《公司法》的规定，公司章程的制定主体和程序因公司的种类不同而异，有限责任公司与股份有限公司不同，发起设立的股份有限公司与募集设立的股份有限公司也不同。当然，无论是上述何种情形，发起设立公司的投资者都是制定公司章程的重要主体。实践中通常是由发起人（股东）委托律师、会计师等专业人士制定后由股东签署或由发起人提交创立大会通过。

1. 有限责任公司章程的制定

根据《公司法》第二十三条规定，设立有限责任公司，应当具备的条件之一就是股东共同制定公司章程。有限责任公司章程的制定者是“股东”，此处的“股东”是指参与投资设立公司的投资者，即发起人。“共同制定”是指公司章程应反映所有发起人的共同意志。发起人应当在所制定的章程上签字盖章，表示同意接受章程的内容。“共同制定”并不要求每一个发起人都积极地参与章程拟定的全过程，只要发起人在章程上签字或者盖章，就是表达意志的行为，表示参与了制定并认可了所签字或者盖章的文本。

对于一人有限责任公司而言，由于只有一个股东，《公司法》第六十条规定：“一人有限责任公司章程由股东制定。”作为特殊的一人有限责任公司的国有独资公司，《公司法》第六十五条规定，国有独资公司章程由国有资产监督管理机构制定，或者由董事会制定报国有资产监督管理机构批准。国有独资公司章程制定主体有两类：第一类是国有资产监督管理机构，第二类则是国有独资公司的董事会。前者的权限是制定章程；后者的权限则为除制定章程外，还须报国有资产监督管理机构批准。

2. 股份有限公司章程的制定

《公司法》第七十六条对股份有限公司章程的制定提出了一般要求，即设立股份有限公司应当具备的条件之一是发起人制定公司章程，采用募集方式设立的须经创立大会通过。由于股份有限公司有发起设立和募集设立两种方式，公司章程的制定过程并不完全一致。

（1）发起设立的股份有限公司

对于发起设立的股份有限公司，在公司成立之后将成为公司股东的投资者只限于发起人，投资者并没有社会化。因此，发起设立的股份有限公司仍然具有封闭性的特点，与一般有限责任公司并无不同。发起人所制定的章程已经反映了公司设立时的所有投资者的意志。根据《公司法》第八十三条的规定，以发起设立方式设立股份有限公司的，发起人首次缴纳出资后，应当选举董事会和监事会，由董事会向公司登记机关报送包括公司章程在内的系列文件，申请设立登记。对于发起设立的股份有限公司，发起人根据《公司法》第七十六条规定制定的章程文本就是公司登记前的最后文本，第七十六条没有强制要求其必须经创立大会通过。发起设立的股份有限公司，发起人制定的章程也应当反映所有发起人的共同意志，发起人应当在所制定的章程上签字或者盖章，表示同意接受章程的内容，这标志着章程制定程序的结束。

（2）募集设立的股份有限公司

对于募集设立的股份有限公司，在公司成立之后，公司的初始股东不仅包括公司发起人，而且包括认股的社会公众或特定范围内的认股对象，公司的股东已经社会化。募集设立的股份有限公司属开放式的公众性公司。仅由发起人制定的公司章程并不一定能够反映公司设立的所有投资者、特别是认股人的意志。因此，在公司申请设立登记之前，必须召开创立大会，讨论通过公司章程，以反映公司设立阶段的所有投资者的意志。根据《公司法》第九十条第二款的规定，由发起人、认股人组成的创立大会，其职权之一就是通过公司章程。

募集设立的股份有限公司章程的最后文本是由创立大会以决议的方式通过的。可见，对于这类公司，其章程的制定过程比较复杂，既需发起人制定，又需创立大会决议通过。虽然在制定章程的过程中，发起人同样需要在所制定的章程上签字或者盖章，表示同意接受章程的内容，但这并不标志章程制定程序的结束，该章程文本并不一定是最后的文本。

根据公司章程制定真实性的原则，公司章程不能有虚假记载，否则制定人须承担相应的法律责任。

（二）公司章程的修改

公司章程的修改，即公司章程的变更。包括对章程记载事项的增删、对某一事项的具体内容进行字句上的增删，还包括对章程整体结构布局的调整。章程制定之后处于静态的文本状态，而公司的经营环境和公司自身的情况经常会有所变动，为了适应这种变动，就需要对公司章程进行修改。在不违反法律、行政法规强行性规范的前提下，公司可以修改包括绝对必要记载事项、相对必要记载事项和任意记载事项在内的所有内容。但是，修改公司章程不得剥夺股东固有的权利，尤其要注意防止大股东利用控股来对章程做出损害中小股东利益的修改。并且，修改公司章程不得损害债权人和其他第三人的利益。《公司法》对公司修改章程的事由并未做出限制。我国《上市公司章程指引》第一百八十九条规定：“有下列情形之一的，公司应当修改章程：（一）《公司法》或有关法律、行政法规修改后，章程规定的事项与修改后的法律、行政法规的规定相抵触；（二）公司的情况发生变化，与章程记载的事项不一致；（三）股东大会决定修改章程。”

1. 修改公司章程的权限专属于公司的权力机构

大陆法系国家，例如德国、法国、日本、意大利等，修改公司章程的权限属于公司股东会是立法通例。《公司法》第三十七条规定，有限责任公司章程的修改，属于股东会的职权范围。《公司法》第九十九条规定："本法第三十七条第一款关于有限责任公司股东会职权的规定，适用于股份有限公司股东大会。"由此可见，我国公司章程的修改权属于股东会或股东大会。无论是股东会的定期会议或临时会议，都有权依照法定程序修改公司章程。公司章程的修改，属于公司的重大事项，涉及公司经营、权力等重大事项的调整，涉及公司多个相关的利益主体，应当由公司权力机关来行使修改权，其他机构无权行使。

2. 公司章程修改的程序

我国公司修改章程应当遵循的程序主要有：①由公司董事会拟定并提出修改章程的方案；②董事会在股东（大）会召开前将该方案通知各股东；③股东（大）会对修改章程事项进行审议通过；④股东（大）会决议通过的章程修改事项应经主管机关审批的，须报原审批的主管机关批准；⑤章程修改事项属于法律、法规要求披露的信息，按规定予以公告。

3. 公司章程的修改是公司权力机关的特别决议事项

公司法将公司章程的变更规定为特别决议事项，是因为公司章程的修改涉及公司组织及活动的根本规则的变更，对公司关系重大，所以应提高通过章程修改所需表决权的比例。

4. 登记程序保证章程内容的合法与稳定

《公司法》第十二条规定，公司可以修改公司章程，改变经营范围，但是应当办理变更登记。经营范围中属于法律、行政法规规定须经批准的项目，应当依法经过批准。因此，公司章程经修改变更内容之后，应办理相应的变更登记，否则，不得以其变更对抗第三人，这是章程变更的对外效力。《公司法》第一百零三条股东出席股东大会会议，所持每一股份有一表决权。但是，公司持有的本公司股份没有表决权。股东大会作出决议，必须经出席会议的股东所持表决权过半数通过。但是，股东大会作出修改公司章程、增加或者减少注册资本的决议，以及公司合并、分立、解散或者变更公司形式的决议，必须经出席会议的股东所持表决权的三分之二以上通过。

（三）公司章程的效力

公司章程作为关于公司组织和公司行为的自治性规范，对公司及其成员具有重要的影响力，这一影响力具体表现为公司章程的效力，可以从时间效力和主体效力两个方面理解。

1. 公司章程的时间效力

公司章程的时间效力，是指公司章程的生效时间和失效时间，即公司章程从什么时候开始生效，至什么时候终止其效力的问题。

公司章程的生效时间有两种情况，一种是公司章程制定场合下的生效时间，另一种是修改公司章程的生效时间。

公司章程根据修改程序要求的不同，生效时间也不同。如果公司章程的修改按照法律要求需要审批的，则自主管部门审批生效之日起生效；如果无须审批，则公司章程修改后，依法由股东会通过后生效。如果公司章程修改涉及登记程序，则生效时间从办理完登记之日起计算。

公司章程的失效包括公司章程的全部失效和部分失效两种情况。

公司章程的全部失效，是指公司章程作为一个整体而全部丧失其拘束力。一般情况下，公司章程作为公司治理的重要文件之一，很难出现全部失效的情况，仅在公司不能成立和公司依法终止时才发生。公司不能成立时，公司章程自公司不能成立之时全部失效，如设立公司失败；公司依法终止时，公司章程自公司依法办理注销登记之日起全部失效。

公司章程的部分失效，是指在公司章程修改、部分废除的情况下，其部分内容和条款失去效力。公司章程内容、条款的修改和废除，自股东（大）会决议之时失去效力，公司章程的部分无效不影响其他部分的效力。

2. 公司章程的主体效力

公司章程的主体效力，是指公司章程对什么人具有拘束力的问题。公司章程是关于公司组织和公司行为的基本准则，公司遵守并执行公司章程的相关规定自属应当。公司章程对公司的效力主要体现在两个方面：一是公司章程规定了公司组织机构的产生、组成、议事规则和职权，从而约束公司内部组织和活动，执行和实现公司的意志；二是公司章程规定了公司的经营范围，由此确定公司作为法律主体从事经营活动、对外发生法律关系时的权利能力和行为能力。

公司章程是各个股东之间关于彼此权利义务的约定，股东应受其约束。受约束的股东不仅包括公司设立阶段参与公司章程制定的股东或者发起人，还包括公司成立后、存续过程中新加入的股东。

公司章程对董事、监事和高级管理人员亦具有约束力，上述人员的设置，是公司治理结构发展的结果，也是公司制度中所有权和经营权相分离的表现。为了避免或限制可能因此产生的道德风险和代理成本，公司章程一般会对董事、监事、高级管理人员的设置、职权、议事规则等做出规定，同时对上述人员违反公司章程的行为设定了相应的救济途径和法律责任。

公司章程的主体效力范围仅限于公司及其成员，即仅对内部人具有拘束力。公司章程对公司债权人或者其他第三人等外部人不发生效力，亦不得以公司章程另有规定为由对抗善意第三人，如公司超越章程规定的经营范围与善意第三人签订合同，从事交易的，该合同不因此而归于无效。

第六节 公司设立的责任

公司法律责任的形式包括民事责任、行政责任和刑事责任三种形式。

一、民事责任

《公司法》规定的民事责任，是指民事主体在参与公司活动过程中违反法律相关规定要承担的后果。《公司法》在多个章节中都有对民事责任的描述。一是如果公司股东、发起人出资不足，则承担补足出资责任，同时，足额出资的股东可要求其承担违约责任。二是公司股东滥用股东权时，要负有损害赔偿责任，而公司法人人格否认时，股东负有连带责任。三是控股股东通过关联交易损害公司利益时，股东负有赔偿责任。四是公司发起人具有设立责任，主要是公司不能成功设立时，公司发起人要承担的一系列责任。五是公司董事的董事会决议损害了公司利益时，则要承担损害赔偿责任。六是董事、高级管理人员依赖公司职位而获得违法所得则需要承担返还责任。七是董事、监事、高级管理人员出现违法行为时，则需要承担赔偿责任。八是清算组成员需要承担损害赔偿责任。九是中介机构的行为造成公司的损害需要承担赔偿责任。

从《公司法》规定的民事责任来看，具有以下特点。

一是设定民事责任的规范主要分散于各章。《公司法》关于民事责任的规定主要散见于各章节之中，而"法律责任"专章中涉及民事责任的规定仅有一条。

二是责任形式主要为财产责任形式。公司民事责任的形式除了财产责任形式外，基本不涉及其他诸如消除影响、恢复名誉、赔礼道歉等民事责任形式，体现了公司民事违法行为主要是侵害权利人财产权益、公司民事责任的设计主要是救济权利人财产权益的特点。

三是民事责任序位优先。即在一定条件下，当民事赔偿责任与行政责任、刑事责任中的有关财产责任并存时，优先承担民事赔偿责任。《公司法》规定："公司违反本法规定，应当承担民事赔偿责任和缴纳罚款、罚金的，其财产不足以支付时，先承担民事赔偿责任。"该条规定是"私权优先"原则在《公司法》中的具体体现。在此需要说明的是，民事责任序位优先仅适用于公司这一责任主体，而非公司法上的其他责任主体。

二、行政责任

公司法上的行政责任是指公司法律关系中的主体因实施违反公司法的行为所应承担的行政法律后果。《公司法》关于行政责任的规定主要集中在第十二章。行政责任的具体形式可分为行政处罚与行政处分。行政处罚是指国家行政机关依照行政法律、法规对违法的行为人所做出的制裁。行政处分是指国家行政机关依照相关法律、法规对其内部工作人员（如公司登记机关的工作人员）的违法行为所做出的处罚。《公司法》中关于行政责任的规定既有行政处罚又有行政处分，但以行政处罚为主。其中，行政处罚的具体方式有罚款、没收违法所得、责令停业或关闭、取消资格、责令纠正违法行为等。目前行政处分有警告、记过、记大过、降级、撤职、开除等方式。而对于行政处分的具体方式《公司法》未做出明确的规定，相关国家行政机关可在具体情况下选择适用。

从《公司法》规定的行政责任来看，具有以下特点。

一是行政责任具有惩罚性功能。《公司法》对一些具有社会危害性、需要国家公权力进行一定程度的干预、没有达到刑法所规定的社会危害程度的行为，予以行政处罚。

二是行政责任的主体和形式具有多样性。从责任主体来看，不仅参与公司的各主体有可能承担行政责任，而且与公司成立、存续、清算有关的公司登记机关及其工作人员，承担资产评估、验资或者验证的机构及其工作人员等也可能承担行政责任。从责任形式来看，包括罚款、没收违法所得、责令停业或关闭、取消资格、责令纠正违法行为等。

三是实施行政处罚的主体是国家授权的行政主管机关。只有国家授权的行政主管机关才能追究当事人的行政责任，其他单位和个人无权追究有关人员的行政责任。这也是行政法律责任区别于民事法律责任和刑事法律责任的特点之一。对于民事法律责任而言，责任的追究由相关民事主体来主导；而对于刑事法律责任而言，其追究机关则是国家的司法机关。

三、刑事责任

公司法上的刑事责任是指公司及其有关人员，严重违反《公司法》及相关法律规定并符合《中华人民共和国刑法》规定的犯罪构成要件而应承担的法律后果。在立法体例上，《公司法》只对涉及公司的犯罪及其刑事责任做出了概括性规定，而不规定具体的犯罪构成和具体的刑罚。1993 年《公司法》关于刑事责任的规定是在“法律责任”一章中，对 17 个可能涉及公司犯罪的条文均在其末尾写明“构成犯罪的，依法追究刑事责任”，这样显得十分繁复。2005 年《公司法》修订后，将原有的十七条相关条文概括为一条来表述，即现行《公司法》第二百一十五条：“违反本法规定，构成犯罪的，依法追究刑事责任。”这样总体上显得简练而清晰。结合《中华人民共和国刑法》的相关内容，违反《公司法》的有关犯罪行为主要有：虚报注册资本罪，虚假出资或者抽逃出资罪，提供虚假财务报告罪，提供虚假证明文件罪，出具证明文件重大失实罪，妨害清算罪，公司、企业人员受贿罪，对公司、企业人员行贿罪，侵占罪，挪用资金罪等。

违反《公司法》的犯罪构成要件，主要包括以下内容。

第一，犯罪的主体。单位和自然人均可能构成违反我国《公司法》的犯罪主体。一般而言，自然人实施犯罪而作为犯罪主体的情况比较多，但是在违反《公司法》的犯罪当中，单位作为犯罪主体的现象较其他领域要多。

第二，犯罪的主观方面。在违反《公司法》的犯罪当中，一般为故意犯罪。

第三，犯罪的客观方面。这主要是指受《中华人民共和国刑法》规制的各种违反《公司法》的行为，且“情节严重”“造成严重后果”“数额较大、巨大或者特别巨大”。

第四，犯罪侵害的客体。《公司法》所保护的经济利益和经济秩序是该犯罪侵害的客体。

第四章　企业纳税筹划

第一节　纳税筹划的方法及技术

一、纳税筹划的基本方法

（一）纳税人筹划法

纳税人亦称纳税义务人，指税法规定的直接负有纳税义务的单位和个人，有时也称为纳税主体。纳税人可以是法人，也可以是自然人。纳税人是税制的基本要素，每个税种都会规定纳税人，如果纳税人不依法及时足额缴纳税款，就要承担法律责任。

纳税人筹划法实质上是在合理确定纳税人范围的基础上，合理界定或者转化企业的纳税人角色，使企业避免成为某税种的纳税人或者减少税种，降低应纳税额，合理降低税收负担。纳税人筹划只要把握住关键点——准确把握纳税人的内涵和外延，就可以简单易行地进行操作。

（二）税基筹划法

税基就是计税依据，是计算税金的基本依据。不同税种其税基计算方法不同。

税基筹划法是指纳税人通过控制计税依据的方式来减轻税收负担的一种筹划方法。

大部分税种的应纳税额的计算方法都是适用税率与税基相乘取积。一般来说，税率是一定的，不会改变，那么应纳税额与税基就构成正比例关系，税基越小，企业作为纳税人应缴纳税额越少，所以可以通过控制税基的方式减轻纳税负担。

1. 控制或安排税基的实现时间

（1）税基推迟实现

在不改变税基总量的情况下，在法律规定的范围内，通过推迟税基实现时间，来达到延迟纳税的目的，这样就取得了资金的时间价值，也就相当于获取了一笔无息贷款，即使存在银行，也会获得利息，获取收益。而且在高通货膨胀的环境中，税基推迟实现的效果会更好，在获取时间价值的同时也降低了未来支付税款的购买力。举个极端的例子，如果可以，10 年前缴纳 1 万元推迟到现在缴纳，那么现在缴纳 1 万元的购买力会远远低于 10 年前。

（2）税基均衡实现

在不改变税基总量的情况下，在各个纳税期间均衡实现税基：如果免征额或税前扣除是一定的，则实现了最大税前扣除额；如果累进税率，则实现了边际税率最小化，大幅度地降低了纳税负担。

（3）税基提前实现

税基总量不变，在减免税期间，税基提前实现可以享受更多的税收减免额。

2. 分解税基，使税基最小化

税基最小化是指通过合法的方式降低税基总量，达到避免多缴税或减少应纳税额的目的。这种方法常用于企业筹划企业所得税、增值税等税种。

分解税基也就是把税基合理分解掉，这样可以把税负由重变轻。

（三）税率筹划法

税率筹划法是指纳税人通过降低适用税率的方式来减轻税收负担的一种筹划方法。现行税制中税率是最重要的要素，是纳税人税负的决定要素之一，在其他计税依据相同的情况下，税率正相关影响纳税额，所以当税率降低时，税收负担也就降低了，这是在税率筹划时需要考虑的基本理论。通常来说，税率低可以少缴纳税负，增加税后利润，但是需要质疑，低税率不是税后利润最大化的绝对保障。

每个税种对应不同的税率，每个税种有不同的纳税人，但是纳税人的收税对象的界定并不清晰，这就可以根据界定不同进行筹划。而且就算是同一个税种，如果税基不同或其他条件发生变化，税率也不一定相同，所以纳税人可以调整税基分布，组合出适用最少的税率，从而降低税收负担。

（四）税收优惠筹划法

1. 税收优惠的形式

税收优惠是指国家为了支持某个行业或针对某一特殊时期，出台一些包括减免税在内的优惠性规定或条款。税收优惠是一定时期国家的税收导向，纳税人可以充分利用这些税收优惠政策，依法节税。税收优惠主要有以下形式。

（1）免税

免税是在一定时间内，对特定的地区、行业、企业或者特定的纳税人、应税项目，国家予以的税收照顾，有全额免税和部分免税两种。这是国家引导企业，贯彻落实政治、经济和社会政策的重要手段。例如，现阶段我国为照顾第一产业，促进农业发展，对于农、林、牧、渔生产经营的企业就实行了免税的照顾。免税不是我国特有的现象，在各个国家的税法中都能看到免税鼓励的政策，免税规定是税收制度的重要组成部分，为依法节税提供了法律保障。

关于免税优惠，纳税人必须在合法、合理的前提下操作。操作过程中要考虑以下两点：一方面，尽量争取增大免税额，免税额越多，税负越小；另一方面，尽量延长免税期，一般来说，免税项目都是有一定时间限制的，但是免税的时间越长，企业节约的纳税额越多。

（2）减税

减税与免税相似，相当于一种财政补贴，是政府予以特定的纳税人或纳税对象的照顾或激励的措施。一般来说，减税的目的有两种。一种是为了照顾实行减税，实施对象多为弱势企业，例如，企业所在地区遭受自然灾害、残疾人企业等。这是当企业因不可抗力遭受损失时，国家予以的财政补偿。另一种是为了激励实行减税，这类的实施对象多为发展中企业，例如产品出口企业、高科技企业、环境保护项目等。这是国家鼓励更多的企业从事这种行业的引导政策。

（3）免征额

免征额又叫扣除额，是规定一个标准数额，征税对象超过这个标准的部分才纳税，免征部分不需要征税。例如，个人所得税的免征额为5000元，工资和薪金中每月扣除5000元后计算个人所得税。

（4）起征点

起征点顾名思义就是开始征税的起点，是根据征税对象的整体情况设立一个标准，达到标准即征收税款，达不到标准则不予征税。

（5）退税

退税是指可以直接减轻纳税人税收负担的税款。在国际贸易中，退税是鼓励出口的一种有效措施。

（6）优惠税率

设定一定的条件，当一些产业、企业或项目满足条件时，可以享受较低的税率。通过税率上的优惠可以吸引投资，加快地区、产业的发展。

（7）税收抵免

税收抵免是为了避免重复收税的一种手段，如纳税人境内、境外所有收入都计征所得税时，在税法规定的限度内，可以用国外缴纳的税款抵扣应纳税款。

2. 优惠政策筹划法

优惠政策是国家为照顾某些产业或某些领域而实行的特殊政策，通过优惠政策筹划法可以尽量使纳税人享受特殊政策，尽量降低税负。优惠政策筹划的关键点在于，寻找到与企业相适应或相近的优惠政策，并在纳税实践中让企业符合享受优惠政策的条件，来减少应纳税额，减轻税负。

优惠性政策条款通常表现出：多为特定行业、特定区域、特定行为、特定时间等特征，常见的有福利企业减免税政策、软件企业税收优惠政策、鼓励科技发展的税收优惠政策、环保和节能项目的税收优惠政策等。

《中华人民共和国企业所得税法》第二十七条规定，企业的下列所得，可以免征、减征企业所得税：①从事农、林、牧、渔业项目的所得；②从事国家重点扶持的公共基础设施项目投资经营的所得；③从事符合条件的环境保护、节能节水项目的所得；④符合条件的技术转让所得；⑤本法第三条第三款规定的所得。

（五）会计政策筹划法

会计政策规定了会计核算时必须遵守的基本原则，而且也规定了会计处理时具体的方法和程序。所遵循的会计政策不同，财务处理也会有不同的结果，在纳税实践中，产生的税收负担也不同。

在表现形式上，会计政策是会计过程的技术规范。但实际上，会计政策的本质是政治利益和社会经济在博弈过程中必须遵守的规则和制度。企业选择的会计政策不同，能够得到不同的财务和纳税结果，会不同程度地影响利益相关者。会计政策对会计来说至关重要，企业可以自由选择会计政策，才可以有多种多样的方式筹划企业的涉税活动。纳税筹划的基本方法就是帮助企业选择有利于实现税后收益最大化的会计政策。

二、纳税筹划的基本技术

（一）针对税制要素的纳税筹划技术

1. 减免税技术

（1）减免税的概念

减免税是指国家为了照顾国民经济中某些特殊情况，运用税收调节职能，对某些纳税人或征税对象给予的减轻或解除税收负担的一种鼓励或照顾措施。按照具体内容划分，减免税可以分为政策性减免税和照顾困难减免税。

（2）纳税筹划的减免税技术

纳税筹划的减免税技术是在不违法和合理的情况下，使纳税人成为免税人，或使纳税人从事免税活动，或使征税对象成为免税对象而免纳税收的税务筹划技术。

纳税筹划的减免税技术具有适用范围较窄、技术简单的特点，其技术要点如下：①尽量争取更多的减免税待遇；②尽量使减免税期最长化；③减免税必须有法律、法规的明确规定；④企业所得税中规定的减免税优惠措施，对一个企业可能会有减免税政策交叉的情况，在具体执行时，可选择使用其中一项最优惠的政策，但不能两项或者几项优惠政策累加执行。

2. 分割技术

（1）分割的概念

分割是指一个纳税人的应税所得分成多个纳税人的应税所得，或者把一个纳税人的应税所得分割成适用不同税种、不同税率和减免税政策的多个部分的应税所得。

（2）纳税筹划的分割技术

纳税筹划的分割技术是指一个纳税人的应税所得分成多个纳税人的应税所得，或者把一个纳税人的应税所得分割成适用不同税种、不同税率和减免税政策的多个部分的纳税筹划技术。

纳税筹划分割技术具有适用范围狭窄、技术较为复杂的特点，它的技术要点包括分割合理化、分割不违法、收益最大化。

3. 扣除技术

（1）扣除的概念

扣除是从应税收入中减去各种准予扣除项目的金额以求出应纳税所得额。企业的应纳税所得额为纳税人每一纳税年度的收入总额减去准予扣除项目金额后的余额。

（2）纳税筹划的扣除技术

纳税筹划的扣除技术是在不违法和合理的情况下，使扣除额增加而直接节减税额，或调整扣除额在各个应税期的分布而相对节减税额的纳税筹划技术。

纳税筹划的扣除技术具有技术较为复杂、适用范围较大的特点，它的技术要点包括扣除项目最多化、扣除金额最大化、扣除最早化。

4. 税率差异技术

（1）税率差异的概念

税率差异是指对不同征税对象适用的税率不同，或者相同的征税对象适用的税率不同。

（2）纳税筹划的税率差异技术

纳税筹划的税率差异技术是在不违法和合理的情况下，利用税率的差异而直接节减税款的纳税筹划技术。税率越低，节减的税额越多。

税率差异技术具有技术较为复杂、适应范围较大、相对确定的特点，它的技术要点包括尽量寻求税率最低化，与企业的经营活动有机地结合起来。

5. 抵免技术

（1）税收抵免的概念

税收抵免是从应纳税额中扣除税收抵免额，包括避免双重征税的税收抵免和作为税收优惠或奖励的税收抵免。

（2）纳税筹划的抵免技术

纳税筹划的抵免技术是在合法合理的前提下，增加税收抵免额的纳税筹划技术。因为税收抵免越大，能够冲抵的应纳税额就越多，需要缴纳的税款越少，税收负担越轻。

纳税筹划抵免技术的特点是技术简单、适应范围宽，主要的技术要点为尽量多的抵免项目、尽量大的抵免金额、尽量早的抵免实践。

6. 退税技术

（1）退税的概念

退税是税务机关按规定对纳税人已纳税款的退还。

（2）纳税筹划的退税技术

纳税筹划的退税技术是在不违法和合理的情况下，税务机关退还纳税人已纳税款的纳税筹划技术。

纳税筹划的退税技术具有技术有难有易、适用范围较小的特点，其技术要点为尽量争取退税项目最多化、尽量使退税额最大化。

7. 延期纳税技术

（1）延期纳税的概念

延期纳税是指纳税人按照国家有关延期纳税规定延缓一定时期后再缴纳税收。

（2）纳税筹划的延期纳税技术

纳税筹划的延期纳税技术是在合法合理的前提下，通过纳税筹划使纳税人可以延期纳税，从而获取收益的技术。

纳税筹划的延期纳税技术的特点是技术复杂、适应范围广，主要的技术要点为尽量多地延期纳税项目、最大化地延长期间。

（二）针对会计政策选择的纳税筹划技术

1. 会计政策的概念

会计政策是企业在会计核算时所遵循的具体原则以及企业所采纳的具体会计处理方法。

2. 纳税筹划的会计政策选择技术

纳税筹划的会计政策选择技术是在合法合理的前提下，通过纳税筹划选取适当的会计政策减轻税负或延缓纳税的技术，主要的技术方式有费用列支、存货计价、折旧计提、营业收入的确认等。

纳税筹划的会计政策选择技术的特点是技术复杂、使用范围广、容易受到其他因素影响，主要的技术要点有注意应税利润和会计利润间存在差异、注意税法规定限制会计政策的选择。

第二节 企业设立的纳税筹划

一、居民企业与非居民企业

（一）居民企业的设立与筹划

1. 居民企业的界定

居民企业是指依法在中国境内成立，或者依照外国（地区）法律成立但实际管理机构在中国境内的企业。

一些企业是在国外注册的，只要实际管理机构在中国境内，它就是我国的居民企业。实际管理机构指的是跨国企业实际有效的指挥、控制和管理中心，主要包括企业的人员管理、生产经营管理、财产管理、财务管理等。基于这种特殊条件建立起的跨国企业，我国以国际惯例作为标准，进行责任的明确和约束。

第一，企业必须有控制机构和实际性的管理机构。实际管理机构相当于一个企业的心脏，它是企业权力最高的地方，和那些明面上的行政中心不是同一个性质。企业活动的管理中心就是财务管理的中心，是一个企业资源和收入管理的主要机构。在法人所在地的判断上，国际税法的判断标准是现实生活中法人最密切的联系地在哪里，法人的所在地就应该在哪里，而且这样的判断非常客观。对一个企业的实际管理机构认定问题上，税法通常从实质性控制和实质性管理上来进行认定，这样做的好处是可以对我国的税收主权进行捍卫，也可以防止外国企业在中国境内偷税漏税。

第二，对企业实行全面控制和管理的机构。全面实行控制和管理的前提是这个机构对企业的主要生产经营活动者整体产生关键性的影响，对于企业未来的发展、决策负有主要责任，这样的机构才能被认定为实际管理机构，如果这个机构对企业的生产经营活动产生的影响较小，也不肩负企业发展的主要责任，那么就不能认定为实际管理机构。

第三，控制和管理的范围是企业的人员、财产、账务、生产经营等。所设立的机构到底有没有实际管理关系，是否就是一个摆设，也从这几个方面进行判断，尤其是机构进行控制时，财务权和人事权是最重要的。例如，那些在中国投资的外国企业会给在中国设立的管理机构冠以“亚洲区总部”“亚太区总部”等字样，表示它们在中国境内的“实际管理机构”就在这个地方，这个地方就是企业在中国行使企业控制权和管理权的地方。举个例子，我们熟知的居民企业通用汽车（中国）公司，它除了在我国注册成立之外，在其他国家也有注册企业，如美国、英国、百慕大群岛等，但是它的实际管理机构却在中国境内，就可以认定为我国的居民企业。

2. 居民企业的税收政策

在纳税义务上，居民企业没有任何特殊的待遇。它们所要缴纳的企业所得税是按照中国境内外收入的所得进行计算的，包括转让财产所得、销售货物所得、接受捐赠所得、租金所得、特许权使用费所得、提供劳务所得、股息红利等权益性投资所得、利息所得和其他所得。

3. 属于居民企业的公司制企业的税收政策

公司制企业属于法人实体，有独立的法人财产，享有法人财产权。公司以其全部财产对公司的债务承担有限责任。公司制企业一般分为有限责任公司和股份有限公司两大类。《公司法》还规定了两种特殊形式的有限责任公司：一人有限公司和国有独资公司。

公司制企业作为法人的实体，当企业的利润达到一定程度时先缴纳企业所得税，如果企业还对自然人投资者进行红利、股息的分配，那么企业就要将分配金额的 20% 作为个人所得税由企业代扣代缴。但是如果分红或者分息的是深市或者是沪市的上市公司，那么它们的股东就不按照 20% 的税率征收个人所得税，而是减按 10% 的税率征收。

现在，我国的经济正在改革阶段，但是曾经对于国有独资公司在税收上的特殊待遇还依旧保留。例如国有独资公司的房产、土地划拨，包括企业进行改革时，资产交易过程中企业所得税和契税不需要上缴。

就税收负担而言，公司形式应该是以股份有限公司为佳，其原因有：第一，世界各国税法中鼓励投资的有关税收减免条款一般针对股份有限公司；第二，有利于股东降低税收。《国家税务总局关于股份制企业转增股本和派发红股征免个人所得税的通知》（国税发〔1997〕198 号）规定：股份制企业用资本公积金转增股本不属于股息、红利性质的分配，对个人取得的转增股本数额，不作为个人所得，不征收个人所得税。《国家税务总局关于股权奖励和转增股本个人所得税征管问题的公告》（国家税务总局公告 2015 年第 80 号）规定：未上市及未在全国中小企业股份转让系统挂牌的中小高新技术企业以未分配利润、盈余公积、资本公积向个人股东转增资本的，纳税人可分期缴纳个人所得税；非上市及未在全国中小企业股份转让系统挂牌的其他企业转增股本的，应及时代扣代缴个人所得税。上市公司或在全国中小企业股份转让系统挂牌的企业转增资本（不含以股票发行溢价形成的资本公积转增股本），按现行有关股息红利差别化政策执行。

（二）非居民企业的设立与筹划

1. 非居民企业的界定

非居民企业，是指依照外国（地区）法律成立且实际管理机构不在中国境内，但在中国境内设立机构、场所的，或者在中国境内未设立机构、场所，但有来源于中国境内所得的企业。

机构、场所，是指在中国境内从事生产经营活动的机构、场所，包括以下情形。

第一，办事机构、营业机构、管理机构。办事机构指境外企业在我国境内设立的方便宣传、联络的活动机构，使境外企业在境内经营得更顺利。营业机构一般指的是销售部门，销售部就是以产品销售为主要工作的部门，生活中最为常见的就是商场、超市。管理机构指的是企业管理的组织形式，它对企业的经营活动有着最终的决策权。

第二，企业生产经营活动的场所是农场、工厂、自然资源开采的场所。农场是农业生产单位、生产组织或生产企业，主要从事农业生产或者畜牧养殖活动。工厂是用以生产货物的大型工业建筑物，属于工业企业，如车间、库房、生产厂房等。自然资源开采的场所是用以获取自然资源的场所，如采石场、气井、油田、矿场等。

第三，提供劳务的场所。如中介代理、仓储租赁、技术服务、餐饮住宿、旅游、加工、教育培训、交通运输、科学研究、咨询等提供从事服务活动的场所。

第四，从事各种工程作业的场所，如安装、建筑、修理、装配、勘探等，建筑工地、地质勘探场地、港口码头等也包括在内。

第五，原本不属于自己范围内的生产经营活动场所、机构。

第六，非居民企业如果在中国境内没有设立场所、机构，但是只要委托某个单位或者个人在中国境内交付货物、管理货物、合作项目、从事生产经营活动等，那么所委托的单位或者个人就被我国认定为它们是在境内设立的场所与机构。

2. 非居民企业的税收政策

第一，非居民企业只要在中国境内设立的场所、机构产生了利润，或者境外场所、机构与境内非居民企业的场所、机构产生了实际关系，获得了一定的利润，都需要缴纳企业所得税。所谓的实际关系就是在中国境内，非居民企业的场所、机构拥有实质性的财产、债权、股权等，而且它们也可以控制、管理财产。

第二，非居民企业有两种情况要根据所得在中国境内缴纳企业所得税：一是虽在中国境内设立了场所、机构，但只是一个摆设，和自己的企业没有任何联系；二是它们在我国境内没有设置场所和机构。

企业所得税的纳税人包括非居民企业和居民企业，国家对非居民企业与居民企业进行划分主要是为了区分它们的纳税义务，这样一来方便国家进行管理，也会使税收活动变得有规律。

二、分支机构的设立与纳税筹划

（一）分支机构的设立与税收政策

1. 子公司的设立及税收政策

《公司法》第十四条规定：子公司具有法人资格，依法独立承担民事责任；分公司不具有法人资格，其民事责任由公司承担。

子公司是对应母公司而言的，是指被另一家公司（母公司）有效控制的下属公司或者是母公司直接或间接控制的一系列公司中的一家公司。在法人资格上，子公司和母公司一样，都是独立的，不管是在境内还是在境外，只要被该国家认可为居民企业，在纳税义务上所有的居民企业都是一视同仁的，因此也就理所当然享受和本土新设公司一样的各项税收的优惠政策。虽然叫子公司，但是在各项指标中和新设公司一样要求严格，账簿不能和母公司混合进行，证明和审计一个也不能少，和母公司之间不能产生盈亏冲抵来减轻税收负担，而且税务机关在进行反避税审查时，重点审查的就是子公司与母公司之间的交易。

子公司和普通的法人公司一样，在财产上有自由支配的权利，母公司一般情况下不能插手子公司的任何经营活动，都是独立承担各自的责任，没有连带关系。只有在子公司的控权问题或者重大事务的决定上，母公司才能出面行使自己的管理权利。为了减轻让税收负担，设立子公司的好处有三点：一是母公司和子公司之间没有连带责任，若子公司出现税务风险不会牵连到母公司；二是母公司不能干涉子公司的利润分配，子公司可以自己做主；三是在享受所在区域税收优惠政策问题上，子公司和其他公司机会均等。

2. 分公司的设立及税收政策

分公司是指公司独立核算的、进行全部或部分经营业务的分支机构，如分厂、分店等。分公司是企业的组成部分，没有独立的财产权，不具有独立的法人资格，其经营活动的所有后果均由总公司承担。

《中华人民共和国企业所得税法》第五十条第二款规定：居民企业在中国境内设立不具有法人资格的营业机构的，应当汇总计算并缴纳企业所得税。汇总纳税是指一个企业总机构和其分支机构的经营所得，通过汇总纳税申报的办法实现所得税的汇总计算和缴纳。我国法人所得税制度的制定是在对国际惯例进行借鉴、引入以及调节所得税功能的基础上进行的。法人所得税是要求法人缴纳企业所得税，而分公司不是法人主体，不具备法人资格，企业所得税只能由总公司在汇总后进行缴纳。这样一来，总公司与分公司在企业所得税上进行汇总，可以互相冲抵对方的盈亏，让整个税收支出较少，减小企业的税收负担。

《跨地区经营汇总纳税企业所得税征收管理办法》（国家税务总局公告 2012 年第 57 号）规定：汇总纳税企业实行“统一计算、分级管理、就地预缴、汇总清算、财政调库”的企业所得税征收管理办法。该管理办法的基本内容是：总机构统一计算包括汇总纳税企业所属各个不具有法人资格分支机构在内的全部应纳税所得额、应纳税额。不管是分支机构还是总机构，所在地的主管税务机关都会对它们的企业所得税进行管理，而且当机构所在地的税务机关对它们进行管理时，分支机构、总机构都要配合接受当地税务机关的管理。分支机构、总机构要在每个纳税期间按时纳税，对机构所在地的主管税务机关要按月或者按季进行企业所得税的申报预缴。等到下年初，总机构就需要把企业一整年的企业所得税进行统一计算，算出企业应缴所得税额，然后再把分支机构、总机构一年内已经缴过的税款进行递减，根据计算情况，进行多退少补。

需要注意的是，税法还规定了以下二级分支机构不需要就地分摊缴纳企业所得税。

第一，不具有主体生产经营职能，且在当地不缴纳增值税的产品售后服务、内部研发、仓储等企业内部辅助性的二级及以下分支机构，不就地预缴企业所得税。

第二，上年度认定为小型微利企业的，其二级分支机构不就地预缴企业所得税。

第三，新设立的二级分支机构，设立当年不就地分摊缴纳企业所得税。

第四，当年撤销的二级分支机构，自办理注销税务登记之日所属企业所得税预缴期间起，不就地分摊缴纳企业所得税。

第五，汇总纳税企业在中国境外设立的、不具有法人资格的营业机构，不就地分摊缴纳企业所得税。

综上所述，企业为了减轻自己的税收负担就必须设立分公司。这样一来，一是总公司的利润可以因为分公司初期的亏损进行冲抵，以此来实现税收负担的减轻；二是总公司从分公司那里获得的利润是不需要纳税的；三是总公司与分公司之间不存在资本所有权变动的问题，也是不需要纳税的。

（二）选择分支机构形式的纳税筹划

子公司和分公司在税收上的特征不同，而且我国在税收政策上也有多层面的优惠。就拿企业所得税来说，除了我们较为熟悉的15%、20%、25%的税率之外，还有很多其他的税率。因此，不管是设立子公司还是分公司，一定要先了解国家在这两者上的税收优惠政策有多大区别，分支机构所处的区域有哪些优势，进行比较之后再去决定设立筹划。需要注意的是，分支机构采用的形式要根据它的运作结构和税收优惠程度来决定，如果分支机构税后比母公司优惠，而且在运作上也是独立的，那么就可以选择子公司的形式；如果分支机构在运作上被总公司管辖，而且税收也是相同的，那么就选择分公司形式。除此之外，分支机构也会因为初期不稳定产生亏损，所以对于初期的经营情况分支机构也需要考虑在内。一般情况下，分支机构在建立的时候基本上都是采用分公司形式，当分公司出现盈利而且处于稳定的发展过程中时，分支机构会把自己的分公司形式转变成子公司形式，这样做可以使自己的税收更加科学合理。

三、经济组织的选择与纳税筹划

（一）公司制企业与非公司制企业选择的纳税筹划

按照我国法律规定，企业有公司制企业和非公司制企业之分。非公司制企业主要指个人独资企业与合伙企业，公司制企业主要指有限责任公司和股份有限公司。

企业法人就是股份有限公司和有限责任公司，是一个经济组织，而不是一个人。但是公司制企业在盈利的情况下，企业除了上缴企业所得税之外，还要看企业有没有对自然人投资者进行红利或者股息分配，如果有分配，那么还要按照税率征收个人所得税。

由于我国税法对于个人独资企业、合伙企业只征收个人所得税，而对于公司制企业，既要征收企业所得税，又要征收个人所得税，这通常被称为“双重征税”。但由于存在股息红利和资本利得之间转化的可能，以及资本利得税率偏低甚至免征的优惠待遇，公司制企业的“双重征税”下的总税负并不多于个人独资企业或合伙企业。因此，在组织形式选择决策中，存在个人独资企业、合伙企业与公司之间的选择与筹划。

和个人独资企业、合伙企业相比，公司制企业出现的时间是最晚的，但却是这三个企业中发展最为完善、最为快速的，公司制企业在税收及运作风险上都比个人独资企业和合伙企业占优势。例如，公司成本费用项目的列支可以在所得税扣除前；雇员的年金支出也可以在合理的范围内进行税前列支；当公司出现损失时，可以用未来的利润进行冲抵，也可以直接用当期利润冲抵，选择比较灵活。但是，个人独资企业和合伙企业在这几方面却无法享受到公司制企业的税收政策。

（二）个人独资企业、合伙企业的设立与筹划

从 2000 年 1 月 1 日起，我国对个人独资企业、合伙企业比照个体工商户的生产经营所得，适用五级超额累进税率，仅征收个人所得税。而公司制企业需要缴纳企业所得税。如果向个人投资者分配股息、红利的，还要代扣其个人所得税（投资个人分回的股息、红利，税法规定适用 20% 的比例税率）。

一般来说，企业设立时应合理选择纳税主体的身份，选择的思路如下。

公司制企业与合伙企业、个人独资企业在总体税负上是有差异的，公司制企业经常会涉及双重征税问题，而合伙企业和个人独资企业却不会发生这样的问题。

在公司制企业、合伙企业与个人独资企业的决策中，首先要明确对税负的高低产生影响的因素有哪些，不能盲目地只考虑某一方面的因素，而是要把多方面的因素都考虑进去，如税收的优惠政策、税基税率等。

不管是公司制企业、合伙企业还是个人独资企业，在进行任何一个决策前，都要先预估一下可能会产生的风险，并且制订出相应的应急解决方案。

（三）私营企业、个体工商户的选择与筹划

私营企业是指自然人投资设立或由自然人控股，以雇佣劳动力为基础的营利性经济组织。我们常见的私营企业有独资企业、合伙企业、有限责任公司三种类型，企业里的生产资料属于私人所有，企业资金主要来源于贷款投资、债券集资、发行股票、私人独自集资等方式，在经营方面，根据企业的大小，选择自己管理或者雇用专业人才进行管理。为了促使国家经济快速发展，各项产业都能发展加速，国家不仅对私营企业的建立和发展进行阻碍，而且允许外资在我国法律允许的情况下和国内其他私营企业建立合资企业。

个体工商户是指在法律允许的范围内，依法经核准登记，从事工商经营活动的自然人

或者家庭。登记前，个体法人先要到国家的有关部门进行登记审批，审批通过后才可以进行生产经营活动。个体工商户所涉及的行业面较广，主要包括批发零售业、服务业、饮食业、手工业、建筑业、运输业等。

第三节 投资决策与筹资决策的纳税筹划

一、投资地点选择的纳税筹划

（一）境内投资地点的选择

1. 利用西部大开发税收优惠政策投资西部地区

重庆市、四川省、贵州省、云南省、西藏自治区、陕西省、甘肃省、宁夏回族自治区、青海省、新疆维吾尔自治区、新疆生产建设兵团、内蒙古自治区和广西壮族自治区，以及湖南省湘西土家族苗族自治州、湖北省恩施土家族苗族自治州、吉林省延边朝鲜族自治州，自 2011 年 1 月 1 日至 2020 年 12 月 31 日，对设在上述地区的鼓励类产业的企业减按 15% 的税率征收企业所得税。

2. 在新疆困难地区投资新办企业

为支持新疆经济发展，2010 年 1 月 1 日至 2020 年 12 月 31 日，政府对在新疆困难地区新办的属于《新疆困难地区重点鼓励发展产业企业所得税优惠目录》范围内的企业，自取得第一笔生产经营收入所属纳税年度起，第一年至第二年免征企业所得税，第三年至第五年减半征收企业所得税。

为能够获取国家税收优惠政策，享受相关的税收收益，企业在投资之前应该认真分析外部因素，如市场金融环境、基础设施的建设等，选择税收优惠政策力度较大、负担较轻的地区进行投资。具体实施办法是：在税收优惠政策力度大、负担轻的地区创立企业，可充分享受低税区的相关福利待遇，在企业运营期间，可将业务范围扩充至其他地区；或者在税收优惠政策较大的地区设立相关联的机构，可充分减少企业负担，降低税收成本，提高企业利润。不过应注意的是，不能仅仅将税收优惠政策作为创立企业的唯一依据，而忽视了该地区的内外部环境、软硬件设施及市场供求状况，一旦企业选择了在地处偏远、设施陈旧、经济落后的地区投资，所造成的利益损失远比减少税负所带来的收益大得多，反而得不偿失。

（二）跨国投资地点的选择

从税收的角度看跨国投资，需要注意以下四点：第一，从宏观经济角度看税负的大小；第二，拟投资行业主要涉及税负的种类和大小；第三，税收的组成结构；第四，投资者所居住的国家与拟投资地所在的国家是否有涉及双重征税的政策。

仔细研究境外政策后，不难看出，境外有的国家及地区不存在缴纳所得税这一情况，而有的国家所得税的税率要么高于我国，要么低于我国。因此，选择不同的投资地点，税收负担就会不同，投资收益也会受到一定的影响。此外，如果要进行跨国投资，则双重征税是要特别注意的。要考虑该政策存在两方面的可能性：一是对居民的管辖权、收入来源地的管辖权所造成的重复征收税费；二是投资者居住国与拟投资地所在国之间有关的税收协议中关于税收抵免的相关制度规定。

公司所得税综合税率包含公司缴纳的各种税费，除了企业所得税，还有附加税、特别所得税以及地方所得税等。计算综合税率时有以下规则：一是将可替代公司所得税性质的最低税种、个别特殊行业的企业征收的所得税等不纳入计算范围；二是按照累进税率计算时，采用最高最有效的税率或者最高边际税率，征收毛收入税的，采用15%的毛利率进行计算；按照政策，所得附加税、特别所得税和地方所得税在计算时，部分可在税前进行扣除调整。

除此之外，不同的国家地方所得税的税率是不同的，如欧美国家和亚太地区的税率差别较大。针对这种情况，可采用下列方式进行处理：该国有平均税率的可采用平均税率，没有平均税率的则采用大众主流税率，也可以使用两地最高税率或最低税率的平均值进行计算。

二、投资行业选择的纳税筹划

（一）流转税的行业税负差异

1. 适用税种差异

不同行业营业收入适用的税种不同，实际税负也不相同。工商企业销售收入缴纳增值税，名义税率较高，为16%或10%，但以增值额为计税依据，购进项目可作进项抵扣，税基较小。提供各类劳务及服务性企业“营改增”后，名义税率为6%。

2. 适用税种数量差异

对于普通产品的生产和销售企业来说，加工销售产品所获得的收入只需要缴纳增值税；而部分产品的生产销售是需要缴纳消费税的，对于生产该种产品的企业就不仅要缴纳增值税，还要缴纳消费税。而消费税属于价内税，其计税价格与增值税计税价格一致，所以不仅对消费税的应缴税额有影响，同时还会对增值税的应缴税额造成一定的影响。

3. 适用税目差异

在计算增值税和消费税时，缴纳的税目不一样，其所适用的税率就不同，计算出来的应缴税额也会有所差异，税负就会轻重不同。各种各样的商品、劳务有其各自适用的税率，同一类型的商品也存在着税率不同的情况，如消费税。除此之外，影响消费税和增值税的情况还有该项目是否免税、出口贸易中退税时税率的不同、进口商品征收关税等。

4. 其他差异

在企业运营过程中，遇到多种商品的混合销售，税率不同或税种不一致的商品兼营时，应缴税款也会受到适用税率税种不同的影响，而造成税款的差异。

（二）所得税的行业税负差异

因所得税对企业税后利润和企业盈利有着重要的影响，所以，企业在进行投资决策时会充分考虑到该因素。目前，我国的所得税征收政策是将所有行业的比例税率调整为统一税率。不过，多种多样的优惠措施也为企业在选择投资行业时创造了可挑选的余地。

1. 利用公共基础设施项目的企业税收优惠政策

依托对国家着重扶持发展的公共基础设施建设相关项目的投资收入所得，在征收企业所得税时，享受下列减免政策：从获得第一笔投资收入所属纳税年度算起，前三年免征，第四年至第六年减半。

2. 利用农、林、牧、渔业项目的企业税收优惠政策

享受国家免征或减征企业所得税的行业有农业、林业、牧业和渔业；享受减半征收所得税的行业有饮料作物、香料作物的种植行业，包括花卉种植和茶叶的种植。海水和内陆养殖也可享受企业所得税减半政策。

3. 利用环境保护、节能节水项目的企业税收优惠政策

企业依托保护环境、节约能源和水资源的项目在征收企业所得税时，从该项目第一笔经营收入归属的纳税年度算起，前三年免征，第四年至第六年减半征收。其中包括生活生产污水、垃圾的处理、沼气能源的开发和利用、节约能源减少污染物排放技术的升级改造以及海水淡化技术的研究和运用等项目。

4. 利用高新技术的企业税收优惠政策

国家需要重点扶持的高新技术企业，减按 15% 的税率征收企业所得税。

5. 利用创业投资的企业税收优惠政策

投资对象是未上市的中小型高新技术产业，投资方式是股权投资，并且投资两年以上的投资企业，在征收企业所得税时，在股权持有满足两年的当年度，可按投资额的 70% 抵扣该企业的应纳税所得额；若不足以抵扣的，可以在下一年度结转抵扣。

6. 利用综合资源的企业税收优惠政策

企业在生产制造合法合规并且符合我国行业相关标准的产品时，所采用的大部分原材料是《资源综合利用企业所得税优惠目录》中所规定的资源，那么，该企业获得的收入，

减按 90% 算入收入总额。

7. 利用国家扶持动漫产业发展的税收优惠政策

我国为扶持动漫产业发展，制定了一系列的税收优惠政策，以鼓励动漫企业自主创新。若动漫企业经国家认证为自主创新生产动漫产品，则能够申请享受税收相关优惠政策，并且在该企业创新生产的过程中的确需要进口相关产品的，在进口税收环节可享受免征的优惠政策。

8. 利用鼓励软件生产产业的税收优惠政策

为鼓励软件制造企业的发展，国家在面向该企业征收企业所得税时，制定了一系列优惠政策：一是退税政策，即退还企业缴纳的增值税，并将该部分金额作为软件研究开发的投入和再生产；二是免征和减半征收政策，即企业被认定为国内新办软件企业后，从获得收益的年度算起，前两年免征，第三年至第五年减半；三是国家发展规划中的重点企业，若当年度没有取得相关税收优惠政策的，则减按 10% 的税率计算企业所得税；四是该行业的职工教育培训经费，可在计算纳税所得额时，按照实际发生的费用进行扣除。

三、投资方式选择的纳税筹划

（一）直接投资方式

直接投资主要是指投资者用于开办企业、购置设备、收购和兼并其他企业等的投资行为，就像以股东的身份管理公司从事其他业务，或是对刚成立的公司进行注资，或让公司扩大分支机构，合并或并购，与国外企业进行合资等多种方式的投资行为。可以看出，它的特点是对于各种投资基金，投资者不仅能准确有效地运用控制，更能够全面地对投资项目进行监督管理。

对于投资方来说这种投资方式不仅需要更长久的时间和烦琐的流程，而且在实施的过程中会涉及赋税的相关问题，这使任务更加复杂化。不过关于赋税，也就是税务费用增加与减少的问题，税务的增加属于收入大于支出的净现金流出，税务的降低与项目的现金收入额的重要性是相同的。而投资者对一个项目进行投资要考虑如何能以最少的投入实现效益最大化，这便是投资者在选择项目是否可以进行投资时重要的参考指标。

1. 项目之间的不同税收处理

根据我国税法，不同情况对应不一样的法条。投资方在投资过程中，项目之间的不同，意味着用于执行的法条不同，进而赋税前和赋税后的利润也会相差较大。

2. 税率的影响

纳税人在本应缴税的收入单位上增加收入时所采用的税率被称为边际税率。纳税人的收入是影响税率的原因之一。在此情形中，如果公司这一年的收入不高，那么相对的边际税率会较低；但如果公司收入变高，那么边际税率就会变高。因此对于赋税公司，每一年的边际税率是不一样的。尽管所得税是按比例进行缴纳，但是在实际情况下，公司在不同的年份所适用的边际税率会有差异。

3. 现值的影响

由于对项目进行投资是一个需要时间的过程，所以在进行投资时必须要掌握资金的时效性。净现值方法被广泛采用，它可以比较不同阶段的投资回报率。通过对净现值方法的分析，发现纳税时间的早晚会影响分析的结果。

（二）间接投资方式

1. 债券投资的纳税筹划

《中华人民共和国企业所得税法》规定，企业取得的国债利息收入免征企业所得税，而购买其他债券所取得的利息收入需要缴纳企业所得税。因此，企业在选择时，除了要综合考量投资的风险与回报，还要兼顾与之不同的税收法规，这样才能更好地衡量并做出正确的决定。

因为政府债券的利息收入是由政府免除的，所以买入国债的投资回报率低，但是没有任何的风险。一般购买国债的人都属于没有足够的时间和能力去管理股市投资的一类人，稳定的投资回报就可以通过买入国债来获得。

2. 股票投资的纳税筹划

国家根据纳税人投资方式的不同，对投资效益主要分为两大类。第一大类是投资人通过股市以低价买得、高价抛售的方式所赚取的中间差额，需要计入公司的现金流中，从而缴纳企业所得税。第二大类是对于公司拥有的或者是通过收购某公司股份所得的收益进行分析：其一，拥有根据中国法规注册的企业公开发行并上市流通的股票超过一年，则通过投资所得的收益不得征收税；其二，对不满一年的投资收益，应计入企业所得税一并收缴，此企业需根据规定缴纳所得税；其三，某企业若买入的是非中国所属企业的股票，所产生的收益需与企业所得税并缴。此外，根据《中华人民共和国企业所得税法》，需按照税法法条依法缴纳 10% 税率税款的情况适用于在国内所得的收益，包括股息、红利等的非居民企业。

股票的买卖通常要征税，包括印花税、资本利得税，以及对股票的投资收入。在企业所得税中，为了防止经济性双重征税，对公司的股利收入进行了税前扣除。如果是公司分红，一般会在税前扣除 70% 的收入；在应税公司持有 20% 至 80% 的股权时，可在税前扣除 80% 的股息；80% 以上的股权，可在税前扣除 100% 的红利。

股票是一种高风险的投资方式，就自己来说，如果有足够的时间和能力来管理自己的股市投资，可以通过买卖股票的方式实现自我价值，从而获得更高的税后收益；但是如果公司的利润很高，那么公司就可以使用少量的资金进行扩大，但是总体上，公司的税收负担不会发生显著的改变。

3. 基金投资的纳税筹划

企业投资基金收益不是按股息红利计征企业所得税。而是作为企业收入的一部份，按规定税率缴纳企业所得税。

理由：

利息、股息、红利所得，是指个人拥有债权、股权而取得的利息、股息、红利所得。（《中华人民共和国个人所得税法实施条例》第八条第七款）

《中华人民共和国企业所得税法》第六条规定，企业以货币形式和非货币形式从各种来源取得的收入，为收入总额。包括：

（1）销售货物收入；

（2）提供劳务收入；

（3）转让财产收入；

（4）股息、红利等权益性投资收益；

（5）利息收入；

（6）租金收入；

（7）特许权使用费收入；

（8）接受捐赠收入；

（9）其他收入。

股息、红利等权益性投资收益，是指企业因权益性投资从被投资方取得的所得。

四、投资方法选择的纳税筹划

固定资产投资具有耗资多、时间长、风险大等特点，其纳税筹划主要考虑以下方法：企业购置机器设备，进行固定资产投资。可以采用多种方法，既可以完全自行出资，直接购置所需设备，也可以借助他人资金，采用分期付款赊购或者融资租赁方式。前者须考虑完全由自己支付资金所形成的机会成本的增加，后者则需考虑借用他人资金所需承担的融资成本，无论哪一种方式，在预测中都必须考虑税收因素。

五、筹资的纳税筹划

筹资，也称资金筹措或融资，是企业根据生产经营、对内外投资和调整资本结构的需要，通过各种渠道和方式经济、有效地筹措资金的行为。筹资作为一个相对独立的行为，是企业资金运动的起点，对企业经营理财业绩及资金成本的变动发挥作用，同时也是决定企业资金规模和生产经营规模的基本因素。筹资包括短期筹资和长期筹资两部分。

（一）短期筹资纳税筹划

短期筹资具有筹资速度快、容易取得、筹资富有弹性、筹资成本较低及筹资风险高等特点。因此，在纳税筹划中，应着重考虑影响筹划的两个因素：一是考虑资金成本的变动对企业税负及业绩的影响，二是考虑对企业资金或资本结构合理配置的影响。

商业信贷是融资短期债务的重要组成部分，是指在商品流通中因延迟支付或提前支付而产生的一种借贷关系，其最大的优势在于获取方便。对大部分公司而言，商业信用是一种不需要正规融资程序的可持续信贷；而且在任何贷款优惠的情况下，这种融资不承担任何费用。但因为短期融资时间较短，所以在取消现金折扣时要支付更多的费用。

应付账款、应付票据、预收账款等是商业信用的具体形式。

在同一利率条件下，企业的短期借款成本因适用的不同而有所不同，企业需进行合理的规划。因为在我国现行税法中，对于企业从金融与非金融机构进行贷款产生的利息有不同的征税方法。如从银行贷款中取得的利息收入可以从所得税前扣除，而对非金融机构产生的借款利息，如果不超过同期同类银行的贷款利率，则可以在税前扣除。所以，实际借款成本要小于或等于利息费用支出。

（二）长期筹资纳税筹划

企业长期资金的筹划方法很多，根据资金来源的权益性质可分为债务筹资和权益筹资两类。债务筹资主要有长期借款和发行债券两种方式。

1. 长期借款的纳税筹划

长期借款是指企业向金融机构或非金融机构借入的使用期超过一年的借款，主要用于固定资产的购置与建造，或用于满足长期流动资金占用的需要。企业通过长期借款取得的资金要按照双方的约定使用，到期偿还，而且要支付利息，因此存在一定的财务风险。企业为长期借款所支付的利息费用，符合条件的可在所得税前扣除，从而降低企业的税前计税利润。如果企业利用资金的效率高于所支付给债权人的利息率，通过借款筹资则可以提高股东的权益收益率。

2. 发行债券的纳税筹划

债券是发行者为筹集资金，向债权人发行的在约定时间支付一定比例的利息，并到期偿还本金的一种有价证券。与其他筹划形式相比，债券筹资突出的优点是集资对象广、市场大，但缺点是筹资成本高、风险大、限制条件多。目前我国对发行公司债券控制得比较严格，其发行主体仅限于股份有限公司、国有独资公司和两个以上的国有企业或其他两个以上的国有投资主体设立的有限责任公司。

企业在发行债券时，可以平价发行，也可以折价发行或溢价发行。

债券平价发行：全部利息费用 = 所付的现金利息。

债券折价发行：全部利息费用 = 所付的现金利息 + 折价。

债券溢价发行：全部利息费用 = 所付的现金利息 – 溢价。

（1）债券折价发行时的纳税筹划

债券折价摊销方法不同，不影响利息费用总和，直线法和实际利率法这两种方法四年内摊销的利息费用总和相等。但在直线法下，每期摊销额相等；在实际利率法下，前期摊销得少，后期摊销得多，因而前几年的利息费用少于在直线法下的利息费用。因此，考虑货币的时间价值，对债券折价的摊销方法应选择直线法。

（2）债券溢价发行时的纳税筹划

直线法和实际利率法这两种方法在摊销年度内摊销的利息费用总和相等。在直线法下，每期摊销额相等；在实际利率法下，每期摊销额从多到少，因而前几年的利息费用大于在直线法下的利息费用。因此，考虑货币的时间价值，对债券溢价的摊销方法应选择实际利率法。

第五章　企业所得税纳税筹划

第一节　所得税税制改革的迫切性

一、企业所得税改革的指导思想和原则

为了解决我国内资企业和外资企业发展过程中存在较大税收待遇差异、税负差异等问题，必须坚持贯彻公平税负的原则。

为了对社会经济和国内各个区域的发展进行统筹协调，推动社会全面发展和进步，重视生态环境保护，推动国民经济实现可持续发展的目标，要对科学发展观的原则进行贯彻落实。

为了对全球其他国家在改革税制方面的优秀经验和做法进行学习、借鉴，让我国企业所得税制度不断完善和丰富，将税法的完备性、前瞻性、科学性呈现出来，要坚持参照国际惯例的原则。

为了对征管行为进行规范化管理，为纳税人提供更多便利，降低税收征纳的成本，要落实征收管理原则。

为了让国家相关的产业政策要求完全落到实处，促进产业和技术的进步和发展，对国民经济结构不断优化，要坚持充分发挥调控作用的原则。

为了对纳税人的承担水平和财政承受能力进行兼顾，实现财政收入的有效组织，要贯彻落实厘清分配关系原则。

二、新税法改革的主要内容

（一）新税法改革的内容

1. 税率

我国针对外资企业和内资企业制定的所得税税率为 33%，这是在改革税法之前实施的标准。并且，针对国内一些特殊地区的外资企业和内资微利企业的税率实施二档照顾税率的方案，即前者的税率是 24% 和 15% 的两个档次优惠税率，后者是 27% 和 18% 的两个档次优惠税率。但是，企业名义税率和实际税负会因为企业所属类型不同产生很大的差别。所以，对我国的外资企业和内资企业的所得税税率进行统一是经济发展的必然要求。

我国改革税法之后，将 25% 作为外资企业和内资企业计算所得税时使用的税率；按

照新税法的相关要求，将 20% 的优惠税率给予那些符合条件的微利企业；15% 的优惠税率以前是给予那些在高新技术开发区建设的高新技术企业，新税法之后，对区域限制的条件取消，将 15% 的优惠税率提供给需要国家重点支持的高新技术企业。

通过以上内容可以发现，减轻内资企业的税负、少增加外资企业的税负，在可控范围、可承受范围内减收财政是改革税法的主要目的。此外，还要将世界其他国家特别是周边国家实施的税率水平作为重要因素考虑到税法改革中。

2. 税收优惠

（1）税收优惠的主要内容

从各国改革税制的经验和趋势来看，为了将我国的外资企业和内资企业的所得税税负进行统一，关于税收优惠政策方面，税法整合了以下五种主要方式。

一是对符合条件的小型微利企业实行 20% 的优惠税率，对国家需要重点扶持的高新技术企业实行 15% 的优惠税率，扩大对创业投资企业的税收优惠，以及企业投资于环境保护、节能节水、安全生产等方面的税收优惠。二是保留对农林牧渔业、基础设施投资的税收优惠政策。三是对劳服企业、福利企业、资源综合利用企业的直接减免税政策采取替代性优惠政策。四是法律设置的发展对外经济合作和技术交流的特定地区内，以及国务院已规定执行上述地区特殊政策的地区内新设立的国家需要重点扶持的高新技术企业，可以享受过渡性优惠；继续执行国家已确定的其他鼓励类企业的所得税优惠政策。五是取消了生产型外资企业定期减免税优惠政策，以及产品主要出口的外资企业减半征税优惠政策等。另外，根据全国人大代表提出的意见，税法增加了“企业从事环境保护项目的所得”和“企业符合条件的技术转让所得”可以享受减免税优惠等方面的内容，以体现国家鼓励环境保护和技术进步的政策精神。

通过以上整合，税法确定的税收优惠的主要内容包括二促进、二鼓励、一照顾、一支持、一减免，即促进技术创新和科技进步、促进公益事业，鼓励基础设施建设、鼓励农业发展及环境保护与节能，照顾弱势群体，支持安全生产，以及自然灾害专项减免税优惠政策等。

（2）对原享受法定税收优惠的企业实行过渡措施

新税法的实施可能会让少数老企业的税负有所增加，为了对它们的税负进行缓解，税法要求将过渡性照顾给予公布新税法之前已经批准建立的老企业，并且严格落实当时的行政法规和税收法律做出的相关规定。对定期减免税优惠，具体来说，按照目前实施的税法的相关规定，老企业在税率方面可以享受 15% 和 24% 的低税率优惠。国务院要求，实施新税法之后的 5 年都对老企业实施低税率的过渡性照顾，并且要企业利用 5 年的时间慢慢向新的税率过渡；老企业对现行税法实施的定期减免税优惠的政策进行享受，对于还没有享受完的优惠在实施新税法之后仍然可以继续按照现行税法制定的期限和优惠标准进行享受，但是如果部分老企业没有产生收入导致无法享受优惠，则实施新税法的年度便是其计算优惠的期限。具体过渡的具体办法由国务院规定。

3. 纳税人和纳税义务

全世界大多数国家在纳税人确定方面都是以法人作为标准，对除了个人之外的实体或组织进行课税，企业所得税制的主要改革方向是对法人税制进行实施。所以，现行内资税法在纳税人的确定方面以“独立经济核算”作为依据的规定在新税法中予以取消。与此同时，税法还扩大了纳税人的范畴，将企业和其他取得收入的组织也作为纳税人，这个内容与之前实施的税法的相关规定相符合。税法还规定该法不适用于合伙企业和个人独资企业，主要是为了防止重复征税问题的产生。

税法对国际上在“非居民企业”和“居民企业”概念方面的通行做法予以借鉴，进一步规范了这两个概念。其中，非居民企业对纳税义务有限承担，纳税范围是其在我国境内产生的所得；居民企业对纳税义务全面承担，纳税范围是其在境外和境内的全部所得。国际上一般使用“总机构所在地标准”“登记注册地标准”“实际管理机构地标准”作为判定是否属于居民企业的标准，全球大部分国家都将多个标准结合使用从而对居民企业进行判定。“实际管理机构地标准”和“登记注册地标准”相结合是我国税法在居民企业的判定方面主要采取的方法，从而明确划清非居民企业和居民企业的界限，这与我国的实际发展情况相符合。

4. 应纳税所得额

企业所得税税额计算的主要依据是应纳税所得额。根据税法的相关规定，企业的应纳税所得额是用企业在每一个纳税年度获得的收入总额将各种扣除、不征税收入、免税收入、之前年度发生亏损后可以弥补的部分进行减去之后的剩余部分。

（1）收入

税法将收入总额界定为“企业以货币形式和非货币形式从各种来源取得的收入”，同时，税法对“不征税收入”也做了明确规定，即财政拨款、纳入财政管理的行政事业性收费、政府性基金等属于财政性资金的收入。税法还将国债利息收入，符合条件的居民企业之间的股息、红利等权益性投资收益等，规定为“免税收入”，明确了企业所得税的应税所得范围。

（2）扣除和资产的税务处理

以往，我国在扣除成本费用方面由于外资企业和内资企业的不同类型做出的规定有所差异，比如，据实扣除制度适用于外资企业，计税工资制度适用于内资企业。《中华人民共和国企业所得税法》（以下简称《企业所得税法》）第九条对公益性捐赠产生的支出予以扣除的标准进行了确定，第十条对企业不能扣除的支出项目、范围进行了明晰。与此同时，《企业所得税法》统一规范了企业实际产生的扣除支出，主要包括长期待摊费用、存货、无形资产、投资资产和固定资产等。

5. 征收管理

《企业所得税法》规定要严格按照税收征管法的相关规定征收管理企业所得税。但是，征收管理企业所得税方面存在关于分支机构汇总纳税和纳税地点等方面的特殊要求。《企业所得税法》在这方面做出了补充性规定，主要是为了进一步规范企业所得税征管行为。

（1）纳税方式

《企业所得税法》第五十条对我国现在实施的纳税方式进行了详细说明——内资企业实施登记注册地纳税，外资企业的纳税方式是企业总机构汇总计算并缴纳。按照《企业所得税法》相关规定，对于在我国境内设立但是不存在法人资格营业机构的部分居民企业，实施汇总计算的纳税方式，从而实现纳税方式的统一，为纳税人提供更多的便利。

（2）特别纳税调整

如今，我国出现一部分企业开始采取各种各样的避税措施对所得税进行规避，而且这种现象越来越严重，也出现了越来越激烈的反避税和避税竞争。因此，《企业所得税法》积极借鉴国际惯例和其他国家的优秀做法，增强各种避税行为防范，进一步明晰规定防止关联方转让定价。与此同时，为了防范各种避税行为，《企业所得税法》还围绕防范资本弱化、核定程序、一般反避税、严格按照国务院相关规定加收补征税款的利息、防范避税地避税等方面增加了一系列款项，从而对避税行为进行制止和避免，维护国家利益。

（3）世界所得税制改革的发展趋势

降低征管成本，提高征管效率，减少税收流失。一是减少优惠措施，这些优惠主要体现在减免税率、减免税额、费用扣除减少等方面，从而让税收过度干预经济的程度降低，让税负不公情况有所缓解；二是对税基进行拓展，拓展内涵方面是指对税收支出和税收优惠进一步减少，拓展外延方面主要是指计算企业所得税时，应纳税所得额增加了企业的资本利得和附加福利；三是征管方面不断增强；四是对税率进一步降低，从经济合作与发展组织来看，29 个成员国里有 28 个对企业所得税的税率采取了降低的举措，只是降低程度不同。

（二）合并的框架思路

一是对法人所得税制度进行统一实施。

二是无论在何地设立的高新技术企业，统一按照 15% 的税率征收所得税。

三是 25% 为全国统一税率标准。这个税率和周边国家的平均税率相比，属于中等偏低的层次。

四是在西部地区仍然实施 15% 的所得税优惠政策。

五是不再实施计税工资的措施，就基本工资采取税前据实扣除的方式。

六是对税收优惠进一步统一，制定形成新型税收优惠政策结构——主体是产业优惠，辅助是区域优惠。

（三）新旧企业所得税税法差异对照

1. 纳税人

以前实施的《中华人民共和国企业所得税暂行条例》（以下简称《企业所得税暂行条例》）第二条对纳税人进行了明确规定，该条款认为，存在生产经营所得和其他所得的其他组织、集体企业、股份制企业、私营企业、国有企业、联营企业都属于纳税人；而《中华人民共和国外商投资企业和外国企业所得税法》（以下简称《外商投资企业和外国企业所得税法》）中的相关条款认为，包括在我国境内从事生产经营活动并且设立了场所和机构，且所得来源于我国境内但是没有设立场所和机构的外国公司、其他经济组织等在内的外国企业，包括中外合作经营企业、外资企业和中外合资经营企业等在内的外商投资企业也属于纳税人。

《企业所得税法》对缴纳企业所得税的纳税人有了新的定义，相关条款指出，缴纳企业所得税的纳税人是在我国境内的企业和其他获得收入的组织，要对该法的相关规定和款项进行严格落实，缴纳企业所得税。需要注意的是，该法规定的纳税人不包括合伙企业和个人独资企业。具体来说，这些企业主要包括居民企业和非居民企业。居民企业是指以我国法律法规作为重要依据在我国境内成立的企业，或者以外国和其他地区的法律作为依据成立，但是在我国境内设立了实际管理机构的企业；非居民企业是指以外国和其他地区的法律法规作为重要依据和基础进行建设并将机构和场所设立在我国境内，但是我国境内并不具备实际管理机构的企业，或者没有在我国境内设立机构和场所，但是企业所得来源于我国境内的企业。

2. 税率

以前实施的《企业所得税暂行条例》第三条对税率进行了明文规定，该条款认为，33% 是纳税人应纳所得税税率标准，应纳税所得额是计算纳税人应纳税额的关键要素；而《外商投资企业和外国企业所得税法》第五条明文规定，在我国境内设立生产经营的场所和机构的外国企业和外商投资企业，要以应纳税的所得额作为关键要素和以 30% 的税率对企业所得税进行计算，根据应纳税的所得额和 3% 的税率对企业的地方所得税进行计算。

《企业所得税法》中将 25% 作为企业所得税的统一税率；20% 的税率适用于没有将机构和场所设立在我国境内，或者虽然在我国境内设立了机构和场所，但是这些机构和场所与获取的所得没有任何关联的非居民企业，企业所得税的缴纳要以企业在我国境内的所得进行计算。

3. 应纳税所得

以前实施的《企业所得税暂行条例》规定，中华人民共和国境内的企业，除外商投资企业和外国企业外，应当就其生产、经营所得和其他所得，依照该条例缴纳企业所得税。企业的生产、经营所得和其他所得，包括来源于中国境内、境外的所得。其计算公式为：

应纳税所得额＝收入总额－准予扣除项目

经营收入、租赁收入、股息收入、生产收入、利息收入、特许权使用费收入、其他收入和财产转让收入都属于纳税人的收入总额。

以前实施的《外商投资企业和外国企业所得税法》明文规定，要严格按照该法的相关条款对外商投资企业获得的经营所得、其他所得和生产所得，计算企业的所得税并进行缴纳。计算外国企业和外商投资企业的应纳税所得额时，是将从事生产、经营的机构和场所设立在我国境内的企业在每一纳税年度获得的收入总额，减去费用、成本以及损失之后的余额。

《企业所得税法》对应纳税所得进行了明文规定，对于居民企业来说，无论是其境内还是境外的所得都要作为应纳税所得额。对非居民企业来说，对于在我国境内设置机构和场所并且企业所得与这些机构和场所存在一定关联的企业，境外所得和境内所得的总和为企业所得；在我国境内没有设立场所和机构或者这些场所和机构与企业所得不存在任何关联的企业，应纳税所得额是企业在我国境内获得的所得，主要包括收入总额减去不征税收入的余额，以及免税收入减去以前年度亏损可以弥补的部分、各项扣除的余额。

接受捐赠收入、利息收入、特许权使用费收入、租金收入、财产转让收入、货物销售收入、劳务提供收入、其他收入，包括红利和股息在内的权益性投资收益等都属于收入总额。

国务院要求的相关不征税收入和财政拨款，以及按照相关法律规定对行政事业性收费、政府性基金进行财政管理的相关收入都属于不征税收入的类别。

计算非居民企业的应纳税所得额时可以参考以下方式：①以收入全额作为企业应纳税所得额的方式适用于企业获得的权益性投资收益，如红利和股息，以及企业的特许权使用费、利息及租金；②用收入全额减去财产净值之后的余额作为应纳税所得额的方法适用于企业的转让财产所得；③按照前两项作出的相关规定对应纳税所得额进行计算的方法适用于企业的其他所得。

4. 扣除项目

以前实施的《企业所得税暂行条例》对扣除项目进行了明文规定，相关条款指出纳税人在收入获取过程中产生的费用和损失以及成本可作为扣除项目，并且要求以下几个项目在扣除时要严格遵守规定的标准和范围：一是使用计税工资的方法对纳税人向职工支付的工资给予扣除；二是在计税工资总额的基础上按照 2%、14%、1.5% 的比例分别结算和扣除纳税人的职工工会经费、职工福利费、职工教育经费；三是允许纳税人年度12%以内的应纳税所得额中对用在救济性、公益方面的捐赠进行扣除；四是据实扣除纳税人在开展生产经营活动期间从金融机构进行借款产生的利息支出，扣除纳税人从非金融机构借款产生的利息支出方面，其支出额必须是通过计算金融机构同期、同类贷款利率产生的数额范围之内。除了前文中提到的项目之外的其他项目，在扣除项目方面，要与国家有关税收、法律和行政法规相结合，并且严格落实相关要求，对相关项目进行扣除。

以前实施的《外商投资企业和外国企业所得税法》在第十二条中明文规定，所得来源于我国境外并且将所得税税款在境外缴纳的外商投资企业对纳税进行汇总时，要在应纳税额中扣除已缴纳的所得税税款，但是扣除额不能高于境外所得额，同时还要根据该法的相关规定对应纳税额进行计算。

《企业所得税法》要求，对企业的应纳税所得额进行计算时，允许扣除获得收入过程中产生的合理、与收入相关的支出，具体的扣除项目是税金、其他支出、成本、损失、费用等。

计算企业的应纳税所得额时，要在12%以内的企业年度利润总额中扣除其支出的公益性捐赠。

固定资产折旧、无形资产摊销费用、长期待摊费用都属于其他可以进行扣除的项目，并且要按照税法的相关规定计算各个项目的具体扣除费用。具体来说，主要包括较大程度修理固定资产产生的支出、对固定资产进行租入产生的改建支出、对固定资产中已经足额提取折旧的部分进行改建产生的支出、其他属于长期待摊费用项目产生的相关支出，计算企业的应纳税所得额时将企业对资产进行转让产生的净值进行扣除，同时还要在应纳税所得额中扣除企业对存货进行销售和使用产生的存货成本。

5. 不得扣除项目

以前实施的《企业所得税暂行条例》的相关款项，规定和要求企业的以下项目不能从应纳税所得额中进行扣除：①在各种类型的赞助方面产生的支出；②产生的资本性支出；③企业发生违法经营情况产生的损失支出，如被没收的财物和罚款；④企业开展的公益性捐赠和救济性捐赠方面大于国家允许扣除的标准的部分；⑤开发、受让无形资产产生的支出；⑥与企业获得的收入不存在关系的其他支出；⑦在税收方面产生的罚款、滞纳金和罚金等；⑧企业在意外事故和自然灾害的影响下赔偿的损失的部分。

关于企业应纳税所得额中不能扣除的项目，《企业所得税法》明文规定以下项目产生的支出不允许被扣除：①税收方面产生的滞纳金；②准备金方面没有核定的部分支出；③企业在所得税方面产生的税款；④与企业收入不存在关联的相关支出；⑤赞助方面产生的支出；⑥除了该法第九条中规定的捐赠支出之外的部分；⑦企业的损失，如罚款、被没收的财务和罚金等方面产生的损失；⑧权益性投资收益项目方面的支出，如将红利和股息支付给投资者。同时还规定以下这些固定资产不能作为折旧扣除进行计算：①与企业开展经营活动无关的固定资产；②除了建筑物和房屋之外的其他没有正式使用的固定资产；③对土地进行单独估价并作为固定资产在企业入账；④采取融资租赁的方式对固定资产进行出租；⑤采取经营租赁方式对固定资产进行租入；⑥固定资产中不能对折旧扣除进行计算的部分；⑦固定资产中已经对折旧足额提取但是保持使用的部分。

此外，无形资产中与开展经营活动不存在关联的部分、企业自创的商誉和形象、企业开展对外投资阶段所支出的资产投资成本、已经对自行开发产生的支出进行扣除的部分无形资产、其他不能作为摊销费用进行计算和扣除的部分，均不能作为摊销费用进行扣除。

6. 税收优惠

以前实施的《企业所得税暂行条例》第八条指出，将税收优惠政策给予以下类别的纳税人：①以国务院、法律和行政法规的相关规定作为依据，对符合要求的企业进行免税或减税，并且严格落实这些规定；②将定期减税或免税的优惠政策给予经过省级人民政府允许批准之后，对于需要鼓励和照顾的民族自治地方的企业。

以前实施的《外商投资企业和外国企业所得税法》制定的相关条款对税收优惠进行了明文规定，在企业所得税的征收方面，减按 15% 的税率给予在经济特区设立的外商投资企业，以及将场所和机构设立在经济特区并开展生产、经营活动的外国企业；减按 24% 的税率给予外商投资企业中在经济特区、经济技术开发区和沿海经济开放区所在城市的老市区设立、从事生产的部分企业，从而对它们的企业所得税进行计算；减按 15% 的税率给予外商投资企业中在经济技术开发区、沿海经济开放区和经济特区所在城市的老市区，或者除了以上地区之外在国务院规定的其他地区设立，并且从事国家鼓励的相关项目，比如港口、能源、码头和交通及国家鼓励的其他项目的部分企业，这些企业计算企业所得税的具体方法要以国务院的相关规定作为依据。外商投资企业中经营期在十年以上，并且从事生产的部分企业，对于它们前两年的企业所得税实施免征政策，第三年至第五年对企业所得税实施减半征收的政策，年限自开始获利的当年算起；对于外国投资企业中从事稀有金属、石油、贵重金属和天然气等开采资源业务的部分企业，国务院制定了相应的规定对它们的所得税进行计算。如果外商投资企业没有满足十年的实际经营时间，则要对企业所得税中减征和免征的部分进行补缴。

《企业所得税法》明文规定，将企业所得税优惠给予国家重点鼓励、发展和扶持的项目、产业。在企业所得税方面，能够享受免征和减征的企业所得主要包括：①将减按 15% 的税率给予需要国家重点扶持和帮助的高新技术企业，从而对它们的企业所得税进行计算和征收；②企业获得的所得来自渔业、农业、牧业和林业等项目；③民族自治地方的自治机关向省、直辖市人民政府和自治区进行申请并且得到批准之后，可以减征或者免征本民族自治区域的企业需要缴纳的所得税中包含的地方分享税额；④在符合相关条件的前提下开展节能节水项目、环境保护项目获得的所得；⑤在符合相关条件的前提下在技术转让方面获得的所得；⑥该法第三条对所得做出的明确规定；⑦将减按20%的税率给予与小型微利企业的相关标准符合的企业，对其企业所得税进行计算和征收；⑧企业所得来源于经营投资国家重点扶持的公共基础设施项目。

对企业的应纳税所得额进行计算时，可以对企业产生的部分支出进行加计扣除。这些支出主要包括：①在残疾人员安置或者安置国家鼓励的其他就业人员方面产生的工资支付费用；②受到技术进步的推动和影响，可通过加速折旧或对折旧年限进行缩短的方式对企业的固定资产折旧进行加速；③开发、研究新工艺和新技术以及新产品产生的一系列费用；④对需要国家重点鼓励和支持的相关产业和项目进行投资的创业投资企业，在应纳税所得额方面可以使用一定比例的投资额进行抵扣；⑤企业对资源的综合利用情况，企业生产的产品与国家产业政策的相关规定相符合，从而产生的相关收入可以在应纳税所得额计算的过程中减去。除此之外，企业投资在节能节水、安全生产和环境保护等方面的专用设备的费用，计算应纳税所得额时可以对其中的一定比例抵免税额。

7. 特别纳税调整

以前实施的《企业所得税暂行条例》对纳税人和与之存在一定联系的企业之间开展的业务来往进行了明文规定，在费用和价款的支付、收取方面，要以独立企业之间开展的业务往来作为重要依据和参考。如果没有按照这个参考对费用和价款进行支付、收取，导致纳税人的应纳税所得额有所降低，税务机关可以合理调整纳税人的应纳税所得额。

以前实施的《外商投资企业和外国企业所得税法》中明文规定，开展经营和生产的场所、机构在我国境内设立的部分外国企业或外商投资企业，其与存在一定关联的企业有业务来往，在价款和费用的支付、收取方面要以独立企业之间的业务往来作为重要参照。如果这些企业在价款和费用的收取、支付方面不以独立企业之间开展的业务往来作为参考，造成纳税人应纳所得额的减少，则税务机关有权合理调整应纳所得额。

《企业所得税法》中规定，当企业和它的关联方之间发生的业务关系与独立交易原则不相符，导致企业或关联方产生的应纳税所得额和应纳税收入有所降低，税务机关有权采取合理的方法调整纳税人的应纳税所得额和收入。如果企业和它的关联方之间发生的业务往来主要包括无形资产的受让和共同开发、对劳务发生的成本一起提供和接受，则要以独立交易原则作为重要依据对纳税人的应纳税所得额进行计算和分摊。在企业和其关联方之间存在业务往来方面，企业可以主动向税务机关提出定价原则和计算方式，税务机关再与企业进行进一步的沟通、确认和协商，安排好预约定价。企业将年度企业所得税纳税申报表报送给税务机关时，要附送年度关联业务往来报告表，对其与关联方之间发生的业务往来进行详细说明。税务机关调查企业的关联业务时，要对企业和企业的关联方、其他与关联业务调查存在一定关联的企业进行深入调查，这些企业必须严格落实相关规定，对调查所需资料予以提供和配合。如果企业不向税务机关提供其与关联方之间开展业务往来的详细资料，或者提供不完整、虚假的资料，不能真实、详细地反映企业的关联业务情况，则税务机关有权对这种企业的应纳税所得额进行核实和确定。该法第四条第一款对实施25%税率的国家、地区的企业进行了说明，如果在比这些国家和地区的税率还低的地方设立居民企业或中国居民和居民企业共同控制的企业，若不是基于正常合理的经营需求，不进行或减少利润分配，这些利润归该居民企业的所得，作为该居民企业的当期收入进行计算。如果企业的权益性投资和债权性投资来源于关联方，并且大于规定的标准而产生了利息支出，这些利息支出则不能在应纳税所得额中进行扣除。税务机关应以合理的方式作为依据，调整企业由于开展了不合理的商业行为导致其应纳税收入或所得额减少的情况。

8. 税收征管

以前实施的《企业所得税暂行条例》对征管税收进行明文规定，要求企业分月份和季度预缴、按年计算企业应缴纳的企业所得税。每个月份和季度结束之后再过半个月可以进行预缴，年度汇总终了时汇算清缴环节要在4个月之内完成，实施多退少补的制度。纳税人将预缴所得税申请表和会计报表报送给所在地的主管税务机关，时间为季度和月份结束后的15天之内；要将所得税申报表和会计决算报表在终了年度的45天之内向所在地主管税务机关进行报送。

以前实施的《外商投资企业和外国企业所得税法》中规定，企业以年为单位计算、以季度为单位预缴企业所得税和地方所得税，缴纳时间是季度结束之后的15天之内；汇算清缴时间是年度结束之后的5个月，坚决贯彻多退少补的政策。将生产经营的结构和场所设立在我国境内的外国企业和外商投资企业，要把预缴所得税申报表在规定的预缴时间内报送给当地税务机关，将年度会计决算报表和所得税申报表在年度结束的4个月之内报送给当地税务机关。

《企业所得税法》明文规定，要以纳税年度作为重要依据计算企业所得税，预缴企业所得税主要分季度和月份进行。企业要把预缴税款、预缴企业所得税的纳税申报表在每个月份或季度结束之日的15天之内报送给税务机关。企业要将年度企业所得税纳税申报表在年度结束起的5个月之内报送给税务机关，同时完成汇算清缴工作，对应缴纳额应退税款进行结算。企业还要严格落实税法的相关规定，将财务会计报告和其他相关资料与企业所得税纳税申报表一同报送给税务机关。

第二节 所得税税收检查

一、对收入总额的检查

对企业收入总额的检查，主要是判定企业应税收入的完整性和正确性是否符合《企业所得税法》的有关规定，是否有隐瞒、不申报的应纳税收入，是否有推迟或提前确认的收入，是否有将应税收入当作非应税收入的情况等。

收入总额是指企业在纳税年度内各项收入的总和，包括纳税人来源于中国境内、境外的生产经营收入和其他收入。在检查时，要重点检查以下内容。

第一，对销售收入要进行检查和确认并核实是否存在少记、漏记和错记等现象，是否存在违反制度规定进行结转销售收入的情况，把本期收入提前或推后。如检查出库单是否与销售收入相匹配等时尤其要注意库管员、验收员、会计、统计等的签字，如有涂改变动或笔体异常，应做进一步追查。很多企业为了减少知情范围，可能由专人作弊。

第二，是否存在给在建项目和福利机构领取产品时，避开销售收入账户并且未记收入的现象。

第三，是否有以物换物且不开具销售发票，进而导致少记收入的现象。

第四，是否有把产品当作礼物送人却计入相关费用里，但未记收入的情况。

第五，是否有对“应收账款”记收入时进行低估。

第六，当在给其他产业供应产品和材料时，是否把往来款项直接冲抵掉。

第七，是否有把有关财产包括股权、固定资产等在内做转让时获得的收入未按时入账的情况。

第八，是否未把获取的利息收入按时入账。

第九，在进行外币兑换时，其方式是否准确，并且核实所用方法是否和之前一样。

第十，是否按时把租赁费用记入账户。

第十一，是否有没把特许权使用费按时入账的情况。

第十二，是否把股息产生收入按时入账。

第十三，是否存在把易耗品和产品及盘盈材料等一直挂在待处理账面上，未记入收入的现象。

第十四，是否有对收到的处罚款项未及时处理，一直放到往来账户上的现象。

第十五，是否把债务人自身问题导致未能完成支付的款项及时记入账户。

第十六，核实边角料的账务问题，检查处理边角料和包装物等产生的收益有无入账，有无把其他相关收入截获。

第十七，核对货物的售价有无高低不一的现象，特别是比成本还低的售价。

二、对准予扣除项目的检查

准予扣除项目，具体指纳税人每一纳税年度发生的与取得收入有关的、合理的支出，包括成本、费用、税金和其他支出。税法规定，企业在纳税年度的当年应该计入费用而没有计入的，不得在以后年度抵扣。

（一）对直接材料成本的检查

第一，核对直接材料成本的算法准确与否，核实材料费用有无按照标准分配，其计算方式是否恰当，能否和分配汇总表中直接材料要分摊的费用明细相匹配。

第二，检验直接材料使用数量上是否真实，是否将非生产用料列入直接材料范畴。

第三，当企业采取的是定额或标准成本时，在对直接材料成本存在的差异进行分配和计算以及会计处置时要核实其准确性。

（二）直接人工成本的检查

第一，对产品成本计算单随机抽查，核实人工成本计算的准确性，在对人工费用进行分配时其标准和计算方式上确保具有合理性，确认该项费用在分配汇总表中是否与该产品在直接人工费用分摊上一致。

第二，当采取标准成本法时，要核实在对人工成本差异进行计算和分配时以及会计对其处置时有无错误。

（三）制造费用的检查

第一，针对制造费用核查其分摊期限，看是否出现跨期入账的情况。

第二，针对制造费用核实其分摊范围，看是否有把投资和技术改良方面的支出或用于支付罚款和违约金方面的费用等强行列入制造费用的现象。

第三，检查制造费用的分配是否合理。包括：①重点查明制造费用的分配方法是否符合企业自身的生产技术条件；②是否体现受益原则；③有无随意变更的情况；④分配率和分配额的计算是否正确，有无以人为估计数代替分配数的情况等。对按预定分配率分配制造费用的企业，还应查明计划与实际差异是否及时调整。

第四，当利用标准成本法时，要核实标准制造费用的合理性及列入成本计算单的数字有无错误，在对该费用差异进行计算、分配及会计审查时有无失误。

（四）产品销售成本的检查

企业对外售卖商品或产品及供应劳务等产生的真实成本就是产品销售成本。其产品成本是把初期库存加当期入库然后除去期末库存而得出的。在检查产品销售成本时，要注意以下两个方面。

第一，该成本的结转金额有无错误，是否和销售收入匹配。

第二，该成本账户里产生的重要变更事宜如产品退回、委托代售产品等有无合理的理由。

（五）产品销售费用的检查

企业在销售商品和供应劳务阶段产生的各种费用和成立专门销售组织产生的经费就是产品销售费用。在核查这项费用时要注意的事项如下。

第一，是否把这项费用和其他费用划分明显的范围，是否有超出标准的情况。

第二，产品销售费用上出现重大或异常情况，要查看原始凭据是否合规、会计处理得是否恰当，核实是否出现跨期入账的情形，并针对重要跨期项目做出合理的调整。

第三，该项费用结转时是否准确并合法，检查是否出现多转或少转以及不转的相关费用，甚至是人为操作利润空间的现象。

（六）产品销售税金及附加的检查

第一，确定企业税金的纳税范围与税种是否符合国家规定。例如，套装化妆品的销售。

第二，查验消费品的税率合理与否，计算的消费税税额准确与否。

第三，核查应纳资源税有无恰当的适用税率，计算的税额是否准确无误。

第四，核实计算的城市建设和教育附加税是否准确。

第五，查证企业项目减免税的真实性以及有无充分的理由和完善的手续。

（七）管理费用的检查

第一，查看所记管理费用内容上的合理性，核实是否有乱记现象。

第二，核查是否有跨期入账的情况，针对大型跨期项目，做出合理的调整。

第三，查看对管理费进行结转时有无遵守制度将其完全转为本期损益，核实是否有记成产品成本或转到下期的情形。

（八）财务费用的检查

财务费用是指企业筹集资金而发生的各项费用，对财务费用检查应注重以下几点。

第一，查看处理的财务费用是否准确，是否把别的项目划入财务范畴，如把资本支出利息强行记到财务费上。

第二，检查是否存在跨期入账的情况，针对重要跨期项目做出有效调整。

第三，对计算汇兑损益的方法进行核实，检查全部汇率的准确性，针对筹建期就转入的汇兑损益，要查看其前后两期的摊销方式是否相同以及摊销数额准确与否。

（九）营业外支出的检查

第一，对营业外支出内容的合法性进行查验，查看是否有资本性支出和营业支出混淆不清的现象。

第二，查看营业外支出是否经过批准和授权，包括会计处理得恰当与否。

第三，核对期末结转时营业外支出的准确性。

三、对不准抵扣项目的检查

（一）检查资本性支出是否记入扣除项目

资本性支出是用于购买固定资产、无形资产或长期股权等的投资，在所得税之前不可扣除。

（二）检查是否将无形资产受让、开发支出作为扣除项目

用于无形资产的支出尚未构成资产时可予以扣除，但用于购置无形资产时产生的相关费用是不能在未缴税前就扣除的。

（三）核查违法运营的罚款及被充公的财务有无被当作扣除项目

纳税人在经营过程中出现违法乱纪现象被相关部门处罚以及财物被充公后造成的损失，不允许在税前直接扣除。

（四）查验每项税收产生的滞纳金和处罚金及其他罚款有无被当作扣除项目

纳税人出现违法行为时被处罚后产生的罚金及上面出现的有违经营导致的罚款等，都不能在税前就直接扣除。

（五）核实由于天灾人祸产生的赔偿有没有被列入扣除项目

当纳税人缴纳了意外险后，由于不可抗力导致的灾害和意外经过保险公司赔偿后的部分，不允许作为扣除项。

（六）核实已超出限制范围又经过许可的公益性质捐赠类和非公益性质接济类捐赠能否当作扣除项

纳税人在税法规定的范围外开展的公益和救助类捐献之外的援助项目，不能在税前进行扣除。

（七）检查赞助支出能否当作扣除项

各种非广告性的赞助支出，不能作为缴纳所得税前的扣除内容。除此之外，以下几项内容也必须予以检查：检查与取得收入无关的其他各项支出是否作为扣除项目，检查超出有关费用列支标准的开支项目，检查承担与企业经营无关的担保支出项目，检查福利性质的支出。

第三节　企业所得税纳税筹划方法

一、利用税收优惠政策筹划

（一）税收优惠政策概述

该项政策是国家为了带动一些企业和技术产品等的发展，给予企业一系列利好政策从而优惠或减免税收，达到宏观调控的目的。任何企业纳税都要以国家规定的政策为准则，在此优惠政策上企业若能合理利用，定会让企业获得一定的税收利益。

当前我国的税收利好政策有很多，企业要在全面掌握优惠政策的前提下才能合理利用。我国目前针对税收出台了很多优惠政策，主要范围涉及具体的行业、产品以及地区和从业人员等。从税收政策层面出发，其优惠政策体现在两个方面：一是税率偏低，同时给予税收上的政策也少，如此使得国家税收总量维持不变；二是税收偏高，同时相应的优惠政策也多，如此也可让税收总量达到预期目标，只是税收支出增多了。目前我国的政策多趋向于第二种。国家规定的税率企业无从改变，只能在优惠政策上下功夫，在优惠政策合理的范围之内力求减少纳税金额，以此减轻企业的税务负担。

（二）所得税的主要优惠政策

第一，企业所得税的税率为 25%，这是针对居民企业和设有机构场所的企业，对于非居民企业则适用于 20% 的税率。

第二，适用于 20% 税率的也包括满足一定条件的国内小型微利企业，对一些重点扶持对象适用 15% 的税率，如高新技术领域。

第三，针对新设立的第三产业定期缴纳所得税时可给予一定优惠。

第四，针对合伙制和个人独资的企业免收所得税，企业经营上所得可依据个体户经营所得标准来收取个税。

第五，有限责任公司股东所做权益转增资本金需缴纳个税。

第六，针对国家重点扶持对象以及支持发展的产业，税率上可适当给予优惠。

第七，属免税收入的范畴有以下方面：国债取得的利息收入；居民企业直接投资于其他居民企业取得的投资收益；非居民企业在国内设有机构和场所并投资于居民企业获得的和设立机构有关的收益，含股息和红利；条件允许范围之内的非营利性组织产生的收入。

第八，以下可免征所得税或减征：在农、林、牧、渔业项目上取得的收益，投资在国家大力支持的公共设施项目上取得的收益，在条件允许的保护环境和节约能源项目上取得的收益，能达到要求的技术转让所取得的收益等。

第九，针对民族自治区域，由于自治区单位或企业给当地自治区机关缴纳的税额隶属地方分享的范围，可给予免征或减征。在执行这项免征或减征政策之前要取得当地政府的同意。

第十，针对企业的这些支出，能在缴纳所得税时予以扣除：研发新产品、新技术及新工艺等产生的研发费用，对残疾人士和国家予以支持的从业人员进行安置时产生的工资支出。

第十一，在对国家大力扶持和鼓励发展的行业领域进行投资创业时，其缴纳税额可适当给予抵扣。

第十二，企业的固定资产由于技术进步等原因，确需加速折旧的，可以缩短折旧年限或者采取加速折旧的方法。

第十三，企业利用有效的资源，在国家政策允许的范围内生产出的产品从中获取的收益，在缴纳所得税时可予以扣除。

第十四，企业在保护环境、节约能源及安全生产时所置办的专业性设施产生的投资，可根据情况给予一定抵扣。

第十五，企业在公益性捐赠方面产生的支出，不超当年利润总额 12% 的部分，可允许在纳税时给予抵扣。

（三）“两免三减半”优惠政策与筹划

“两免三减半”的政策是指外商投资企业可享受自取得第一笔生产经营收入所属纳税年度起 2 年免征、3 年减半征收企业所得税的待遇。对设在中西部地区的国家鼓励的外商投资企业，在 5 年的减免税期满后，还可延长 3 年减半征收所得税。对外商投资设立的先进技术型企业，可享受 3 年免税、6 年减半征收企业所得税待遇；对出口型企业，除享受上述两免三减所得税优惠外，只要企业年出口额占企业总销售额的 70% 以上，均可享受减半征收企业所得税的优惠；对外商投资企业在投资总额内采购国产设备，如该类进口设备属进口免税目录范围，可按规定抵免企业所得税。

根据税收优惠政策的以上规定，外商投资企业和外国企业在纳税方面可按照以下筹划的基本思路进行：

第一，企业在投产经营前，必须充分了解相关税收政策，使经营期限和所从事的行业达到税法规定的标准，具备享受“两免三减半”的资格。按照税法规定，外商投资企业享受“两免三减半”的税收优惠期从企业的第一个获利年度算起。如果企业初期存在亏损的，则以结转弥补亏损后有利润的年度为第一个获利年度。一旦确定了获利年度，则开始计算“两免三减半”的期限，不论这中间企业是否又发生了亏损。因此，所得税筹划的关键就是对第一个获利年度出现时机的适当安排，从而最大限度地利用“两免三减半”政策减轻税负。

第二，要最大限度地利用“两免三减半”的优惠政策。企业如果一味追求利润额，在开始经营后的一两年就确立了第一个获利年度，那么，由于生产经营初期企业利润很小，过早地进入了“两免三减半”的优惠期，可以减免掉的税额是很有限的，而在以后出现较大获利年度的时候，却由于减免期已过而要全额缴税，这就造成企业的税负增加。企业必须善于安排资金的投入，合理地对企业的全部生产经营活动进行筹划，尽量地延迟获利的初始年度。具体来说，如果企业在第一年度将近结束时预测可能出现小额的利润，或者企业在初期弥补了前期的亏损后发现本期将盈利，但利润额不是很大，这时企业应扩大费用支出。

（四）利用税收优惠政策筹划思路

1. 在适用多项税收优惠政策时，必须进行比较分析，通过综合平衡后做出选择

针对税收优惠政策进行谋划时要结合自身实际以及当下税收的有关制度，有效地选择

和利用，从而实现节税和其他有关税收计划的目的。企业根据多种税收优惠政策，一定要分析比较之后再做出合理的选择，也要权衡利弊，做出最佳选择的前提是让利益达到最大化或让设定的税收目标达到最大化。有些税收政策设计时针对的是特殊的税种，企业纳税时缴纳的税种众多，各个税种之间的关系千丝万缕。所以，要对某一种税收政策产生的收益进行评估，要根据落实这项政策后获得的总收益或者在优惠阶段获取的总收益的数额等相关指标来体现。

2. *跨国纳税人必须关注收益来源国与居住国政府是否签订税收饶让协议*

税收饶让是指纳税人在收益来源国取得的税收优惠被视为已纳税收，在向居住国政府申报纳税时，这部分被视为已纳税收入允许从应税收入中抵免。跨国纳税人在收益来源国享受的税收优惠待遇，能否拥有这种税收饶让待遇，关键是看收益来源国与居住国政府是否签订了税收饶让协议。如果没有签订这一协议，一般收益来源国的税收优惠并不能给跨国纳税人带来实际的税收利益；如果已经签订这一协议，还应仔细研读有关的条款，厘清转让的方法，以便更好地确定税收利益的预期。

二、利用转让定价筹划

第一，关联企业间商品交易采取压低定价的策略，使企业应纳的流转税变为利润而转移。例如，某橡胶企业是执行高税率产品企业，为减轻产品的税负，将自制半成品以低价卖给执行低产品税的联营企业。该企业虽然减少了销售收入，但使联营企业利润增加，企业不仅从中多得联营利润，而且少缴了流转税。

第二，关联企业间商品交易采取抬高定价的策略转让收入，实现节税。有些实行高税率增值税的企业，在向其低税率的关联企业购进产品时，有意抬高进货价格，将利润转移给关联企业，这样可以获取增值税和所得税两方面的好处。

第三，关联企业间采取无偿借款或支付预付款的方式转移利息负担，以实现节税的目的。

第四，关联企业间技术、管理、广告、咨询等劳务供给采取具有弹性的转让定价转移收入节税。在一个集团中，母公司往往为子公司提供各种有用的管理服务，若母子公司税率有差别，假定母公司税率低，母公司可以向子公司索取更多的管理费用或将一部分管理费用额外摊入子公司的产品成本或管理费用，将子公司利润变相地移回母公司而享受低税率。

第五，关联企业之间通过固定资产的转让或使用，采用转让定价转移利润进行节税。有些企业将闲置不用的固定资产压低价格租赁或处理给某些关联企业，其损失部分由企业成本负担，减轻了所得税负，然后，再从关联企业获取一定的收益。

第六，关联企业间通过无形资产的转移和使用，以弹性的转让价格转移收入，实现节税。

第七，关联企业之间“硬件”价款向“软件”价款转变。国家规定，技术成果转让和技术咨询服务，可以实行协商定价的方法。关联企业在资产交易过程中，将价款合理转变为技术服务收费以减轻税负。

三、租赁筹划法

对企业经营方来讲，租赁筹划法是从缴纳租金方面削减企业收入，压降缴税基数，减少纳税金额，为后续开展无本盈利新型经营模式奠定了基础。除此之外，出租方也获得了更多的便利，不但无须过度担心设备的后续使用安排和经营管理，而且所获的租金利润远远高于一般经营收入，可以享受更全面的税收优惠政策。

由此，承租人与出租人形成了同一利益集团，这更为避税创造了较好的客观条件。

当然，租赁筹划法不仅能在同一利益集团产生良好的效果，而且对专业提供租赁业务的公司也能取得较佳的成效，承租人仍然可以获取可观的税收利润。这与筹资方法大同小异，因为出租可以让承租人以更快的效率完成经营活动，从中获取利润收入。

此外，还要注意租赁设备的折旧问题。从表面上看，经营租赁避税是将承租人经营所得利润以一部分支付租金来降低承租人利润所得，使税负降到最低。折旧额对企业经营的利润和租金都有较为严重的影响。一般来说，承租者收取折旧费，并以租金方式支付给出租者，或者承租者承担折旧费用、出租者扣除部分租金，这两种方式都需要明确折旧期限，以此决定折旧费用的多少。

四、信托筹划法

信托是指一个人（信托人）把资产或权利转移给另一个人或公司或法人实体，让受托人成为财产的独立所有者，并负责用受托人的名义管理和使用这笔财产，以利于受益人。这个受益人可以是信托人本人，也可以是信托人指定的第三者。虚设信托机构节税是利用某一特别税收优惠地区，对企业名下的厂房、机械、房屋和证券等进行数字化，并标注在特区或开发区等税收优惠处，而其中所获取的利润与经营收入挂在特区或税收优惠处的信托投资公司下，进而以最低的纳税金额将特区或税收优惠处所得的利润顺利转移到企业名下。

参考文献

[1] 张海鹏 . 民事合同与行政合同的区分与关联 [M]. 北京：中国政法大学出版社，2018.

[2] 孙利 . 行政法与行政诉讼法 [M]. 北京：对外经济贸易大学出版社，2018.

[3] 刘国庆，周毅 . 工商行政管理学 [M]. 大连：东北财经大学出版社，2018.

[4] 孙笑侠 . 法律对行政的控制 [M]. 北京：光明日报出版社，2018.

[5] 刘丹丹 . 民商法学和经济法学的研究与应用 [M]. 北京：国家行政学院出版社，2018.

[6] 陈萍，桂舒，文小梅 . 民商法理论热点及实务研究 [M]. 成都：四川大学出版社，2018.

[7] 李春红，李光启 . 民商经济法 [M]. 成都：四川大学出版社，2018.

[8] 柳经纬 . 债权法 [M].6 版 . 厦门：厦门大学出版社，2018.

[9] 杨立新 . 侵权责任法 [M].3 版 . 北京：法律出版社，2018.

[10] 孟强 . 民法疑难问题研究 [M]. 北京：法律出版社，2018.

[11] 费艳颖，郭玉坤，杨异 . 新编法学导论 [M].2 版 . 大连：大连理工大学出版社，2017.

[12] 赵鑫，张玲，马丽 . 法学理论与应用研究 [M]. 长春：吉林文史出版社，2017.

[13] 李显冬 . 法学概论 [M]. 北京：首都经济贸易大学出版社，2017.

[14] 王瑞 . 商法基础理论与专题研究 [M]. 北京：中国政法大学出版社，2017.

[15] 李少伟 . 民法学教程 [M].3 版 . 北京：法律出版社，2017.

[16] 张宇庆 . 推进环保服务的合同方法研究 [M]. 重庆：重庆大学出版社，2018.

[17] 李莉莉，彭开勤，刘珂 . 劳动合同法基础理论与大学生应用实务 [M]. 武汉：武汉大学出版社，2018.

[18] 彭麟，蒋叶，张勇 . 工程招投标与合同管理 [M]. 武汉：华中科技大学出版社，2018.

[19] 赵子一 . 法律常识全知道 [M]. 汕头：汕头大学出版社，2018.

[20] 柴让措 . 行政法学 [M]. 北京：知识产权出版社，2017.